Der glücklich-nackte Mann

WOLF-UWE ERDZACK

Der glücklich-nackte Mann

Bibliografische Information der Deutschen Nationalbibliothek:
Die Deutsche Nationalbibliothek verzeichnet diese Publikation
in der Deutschen Nationalbibliografie; detaillierte bibliografische
Daten sind im Internet über http://dnb.dnb.de abrufbar.

© 2016 Wolf-Uwe Erdzack
Satz, Umschlaggestaltung, Herstellung und Verlag:
BoD – Books on Demand

ISBN: 978-3-7412-2082-1

Inhalt

Der glücklich-nackte Mann	9
Seht, da ist der Mensch!	11
Ein netter Herr	12
Immer wieder	15
Auf Deinem Bett	16
Liebeslied	17
Das Wiedersehen oder Die Perfektion	18
Wie weit?	19
Der Gruß	21
Winter in der flachen Stadt	22
Das Glück	24
Der Schlaf	26
Das Internet	28
Anti – Ratio	30
Das Missfallen	31
Der Kampf	32
Ohne	34
Picasso	35
Der Berg	36
Die Wiederholbarkeit	38
Das Begreifen	39
Die Störung	41
Die Ewigkeit	42
Die Ursache	43
Der zukünftige Mensch	44
Das außergewöhnliche Tun	47
Der Irrtum	48
Die Eignungsprüfung	50
Die Veränderung	52
Japan 2011	53
Das Selbstbewusstsein (Die Psyche)	55
Die Weltordnung	57
Der Morgen	60
Die Vergessenheit	61

Der Slalom	62
Die Vergesslichkeit	64
Der Schrei aus Eklatanz	65
Das Staunen	67
Das Vorspiel	68
Die Prägung	69
Ich möchte noch mal klein sein…	71
Der Protest	72
Die Hässlichkeit	73
Die Familie	74
Die Rezeption	75
Jahreszeitensplitter	77
Die Nichtigkeit	79
Die Philosophie des Maßes	80
Die Absolutheit des Ich	82
Der Pullover	85
Die Barriere	86
Das Kuriosum oder auch nicht	87
Blicke auf mich	88
Das Geschenk	91
Die Sonntagsmesse	93
Das Büro	94
Die Verblendung	95
Die Dankbarkeit	97
Das Verbrechen	98
Das Prinzip	100
Das Mitleid	102
Die Suche	104
Der unsinnige Streit	105
Der Zufall	107
Das Leben – kurioses Gedicht	108
Das Leben 2. Versuch	109
Ein kleiner Lutscher	111
Die Grundsätzlichkeit	114
Der Sieg des Alters oder nicht?	116
Das Kinderbuch	117
Das inventurmäßig Sinnierte	119

Der Triumph	120
Pfingstmontag	121
Uli Hoeneß (2013)	123
Der lösbare Losbär	125
Es liegt was in der Luft…	126
Die Sprengung	127
Soll ich?	128
Die Normalität	130
Die ewige Frage	131
An der Hamburger Alster	132
Der Marathon (Berlin)	133
Mein kleiner Vogel	135
Die Überholung	137
Ein Abend für immer	138
Ich bin woanders	139
Die Mittelmäßigkeit	140
Der Nebel	141
Das Große und das Kleine	142
So… … …	143
Die Kreativität	144
Auf halber Strecke	145
Gerade jetzt!	147

Der glücklich-nackte Mann

Im Bett ohne jeden textilen Ballast liegen,
getragen von Fantasien in die Erotikwelt fliegen,
sich an des Gelüstes Traumfrau schmiegen,
nicht erst tausend Dinge praktisch zurechtbiegen.

Voraussetzungen zum Vollzug der schönsten Sache reifen,
mit den Händen das Objekt der Begierde greifen,
dabei jedes Hindernis zum Glücklichsein abstreifen,
die Gedanken zu keinem nichtigen Thema schweifen.

Bei der Sache selbst wahrlich intensiv leben,
nicht an Vergangenheits- oder Zukunftsmustern kleben,
nach einem Ziel aus innerster Leidenschaft streben,
Momente auf den Höhen des Diesseits schweben.

Seht, da ist der Mensch!

Seht, da ist der Mensch!
Wie er aufsteht, wie er fällt!
Wieder und wieder und wieder!
Wer hat das Los für ihn bestellt?
Dieses unerschütterbare Auf und Nieder!

Seht, da ist der Mensch!
Wie er eisern den vorbestimmten Weg geht!
Dabei trotzdem neue Straßen baut.
Häufig jedoch notwendige Hilfe erfleht.
Mal so und mal so in die Zukunft schaut!

Seht, da ist der Mensch!
Wie er in seinem kleinen Kosmos agiert!
Die Lösung der alltäglichen Fragen anstrebt.
Macht der Gegenwärtigkeit unantastbar regiert.
Den Gesamtprozess in seinem Wert nicht erlebt!

Seht, da ist der Mensch!
Wie er zwischen den Polen balanciert!
Reichliche Male es ihm nicht gut gelang.
Seinem Sein dann auch Leid attestiert.
In abgrundtiefe, vernichtende Sphären eindrang!

Seht, da ist der Mensch!
Wie er trotz aller Probleme nicht resigniert!
Gegenteilig, großartige Leistungen hat erbracht.
Seinen Daseinssinn annimmt und nicht verliert.
Erkennt, wie viel Freude auch das Leben macht!

Seht, da ist der Mensch!
Wie Gott auf ihn ermunternd blickt!
Weite und Bedeutung seines Tuns lässt erahnen.
Immer vertrauend, das « Werk Menschheit« ist geglückt.
So wir uns des Friedens und der Solidarität ermahnen!

Ein netter Herr

Ein Lächeln schickt er gern voraus,
wenn Menschen auf ihn zuspazieren.
Ein netter Gruß verlässt sein Haus,
das sind nicht nur die guten Manieren.

Es bleibt nicht bei der Äußerlichkeit,
gutherzig und obhutsvoll ist sein Verhalten.
Tatkräftig ist er zu vielerlei Hilfe bereit,
bei erkennbaren Problemen nicht abschalten.

Natürlich, die Leute registrieren dies
und kontaktieren ihn daraufhin in Scharen.
Die Seele häufig aus Verzweiflung blies,
tut der Herr mit Unterstützung nicht sparen.

Mit zahlreichen Bitten treten sie an ihn heran,
die Kompliziertheit beginnt sich auszubreiten.
Die Gegengerichtetheit der Wünsche erdrückt irgendwann,
übersteigt unweigerlich seine persönlichen Möglichkeiten.

Denn nach Überlegung gilt`s zu entscheiden,
die Ethik ist Abwägungskriterium dabei.
Erste Disharmonien sind nicht zu vermeiden,
unserem Herrn ist das keineswegs einerlei.

Zu einigen beginnt sich das Verhältnis abzukühlen,
ihnen fehlte das Verständnis für das Handeln des Herrn.
So sitzt er immer häufiger zwischen den Stühlen,
gerad weil ihm jedwede Bevorteilung liegt fern.

Irgendwann fängt der nette Herr an abzuwägen,
wo führt die Art seiner Nettigkeit hin.
Die Menschen an seinem tadellosen Leumund sägen,
Zweifel kommen auf an des eigenen Tuns Sinn.

In Konsequenz bliebe treu da nur noch Einer,
dem er in allen Widersprüchen zur Seite stand.
Selbst die Gefahr naht, dass am Ende keiner
ihm zur Begrüßung reicht die Hand.

Nun kann es schon das Paradoxum geben,
dass man für etwas Gutes wird bestraft.
Die Frage stellt sich, wohin soll man streben
und wer oder was gibt dafür die Kraft.

Wenn alle Unterstützungsquellen versiegen,
Gott wird das Agieren des Herrn entlohnen.
Mit seiner Macht wird dessen Güte nicht verfliegen
und er wird auf einer Empore als Vorbild thronen.

Schlussendlich wird dieser nie einsam spazieren,
auch diese Zeilen die Hoffnung verbreiten und tragen.
So mancher sein falsches Urteil wird revidieren,
mit dem netten Herrn verkehren wie an früheren Tagen.

Immer wieder

Immer wieder möcht ich mehr genießen.
Immer wieder meinem Tun Leichtigkeit entfließen.
Immer wieder locker und souverän agieren.
Immer wieder philanthropisch durch den Tag spazieren.

Immer wieder steht der Vorsatz neu.
Immer wieder bleib ich meinem Anspruch treu.
Immer wieder wird gewollter Gang geschaltet.
Immer wieder der heiße Ansporn erkaltet.

Immer wieder Widerstände mich bekämpfen.
Immer wieder Ablenkungen mein Wollen dämpfen.
Immer wieder gefährlich nah dem Vergessen.
Immer wieder im Nebel der Verführung gesessen.

Immer wieder das Ziel also nicht erreicht.
Immer wieder die Härte des Entschlusses aufgeweicht.
Immer wieder bei der eigenen Inkonsequenz ertappt.
Immer wieder mit der neuen Qualität nicht geklappt.

Immer wieder ein Resümee gezogen.
Immer wieder doch auf Erfolgsmomenten geflogen.
Immer wieder auf ein Mehr zu hoffen.
Immer wieder auch auf Glück getroffen.

Auf Deinem Bett

Ich sitz auf Deinem Bett und lache,
weil Du mich so verschmitzt anschaust.
Ich weiß, wir denken an die gleiche Sache,
wortlos bleib ich, sonst Du mir eine rüberhaust.

Aus Erfahrung bist Du vorsichtig geworden.
Schon oft hat Dein Herz aus Lieb geschmerzt.
Doch Deine Sehnsucht kannst du nicht morden,
bei Dir und Mir hat der Liebesgott nicht gescherzt.

Plötzlich sitzt Du neben mir auf Deinem Bette
und das Wunder solcher Nähe uns erscheint.
Mein Mund klebt an Deinem wie `ne Klette,
unser beider Wünsche sind zu einem vereint.

Liebeslied

Ich sah Dich schon in meinen Gedanken.
Du warst in mir zu jeder Zeit.
Schönste Empfindungen sich um Dich ranken.
Stehst vor mir in weißem Blütenkleid.

Gleicher Rhythmus in unseren Herzen,
gleicher Takt in unseren Gefühlen.
Erdulden bei Trennung die Liebesschmerzen,
die unsere Seelen dann tief aufwühlen.

Ich geh auf Dich zu ganz in Schweigen.
Vor Deinem Antlitz ruht die übrige Welt.
Mir hängt der Himmel jetzt voller Geigen.
Du bist mir als schönstes Geschenk hingestellt.

Gleicher Rhythmus in unseren Herzen,
gleicher Takt in unseren Gefühlen.
Erdulden bei Trennung die Liebesschmerzen,
die unsere Seelen dann tief aufwühlen.

Wir küssen uns, als gäb`s kein Morgen.
Sind miteinander vertraut wie aus frühester Kindheit.
Die Gunst des Schicksals wollen wir ewig borgen.
Uns leuchtet der Strahl der Glückseligkeit.

Gleicher Rhythmus in unseren Herzen,
gleicher Takt in unseren Gefühlen.
Erdulden bei Trennung die Liebesschmerzen,
die unsere Seelen dann tief aufwühlen.

Das Wiedersehen oder Die Perfektion

Perfektion ist 'ne schöne Art,
ihre Verfügbarkeit jedoch schon hart.
Denn wer, wo und wann kann sich erlauben,
allen Ernstes umgehend daran zu glauben?

Dies fängt skalenmäßig an beim eigenen Ich,
das Denken und Handeln unmeisterlich.
Drehen aufsehenlos Stück für Stück
die Schraube des Anspruchs gezielt zurück.

Mit dieser Relativität fühlt man sich wohl,
Anerkennung und Lorbeeren sich nun hol.
Hierbei entsteht Spaß, verhüllt der Sinn:
Es geht noch was, mehr steckt da drin.

Klettern Sprosse für Sprosse hoch die Leiter.
Gefallen ruft: »Steigt immer weiter!«
Erinnere! Perfektion ist 'ne schöne Art,
ihre Verfügbarkeit jedoch schon hart.

Darum löscht rechtzeitig aufkommendes Feuer!
Der Brand, irgendwann unkontrollierbar, wäre teuer.
Wir setzen aufs Spiel die gesamte Existenz,
müssen alles mobilisieren gegen eine morbide Tendenz!

Wie weit?

Ursprünglich etwas mehr als null,
»nichts« ist der umgangssprachliche Begriff,
horchen und rennen nach jedem Pfiff;
die Lage bezeichnend als »reiner Müll«.

Doch die Zeit und die Konstellation
ändern sich, soweit man kann schauen.
Aus der Misere ein größeres Etwas erbauen,
schon freundlicher klingt der berichtende Ton.

Ein Axiom des Denkens heißt »mehr«.
Der Job wird besser, der Verdienst auch.
Schon längst steht man nicht auf dem Schlauch,
unzufrieden hadern, fällt sichtlich schwer.

Vernünftig scheinen formuliert die Ziele,
ebenso Bedürfnisse und Wünsche erstrebenswert.
Der Sinn des Schaffens noch nicht verkehrt,
man jedenfalls nicht zum Absurden schiele.

Wohlhabend ist doch ein gesundes Maß,
aber die Grenze wird passiert gleich –
hier trägt jeder den Titel »reich«,
mit Champagner, natürlich, gefüllt das Glas.

Nach vorn bleibt gierig gerichtet der Blick,
die Chancen nach weiter oben abgeschätzt,
die Messer im Plan des Machtkalküls gewetzt,
viele moralische Gebote umgangen mit Geschick.

Im blinden Eifer jede Warnung verdrängt,
die Hatz auch kein Innehalten erlaubt,
die intrigante Energie immer höher geschraubt,
gleich der Verführung einer bösen Fee das Handeln gelenkt.

Niemand darf sich jetzt stellen in die Bahn,
Hindernisse und Konkurrenz gnadenlos weggeräumt,
die Woge der Entschlossenheit beängstigend hoch schäumt,
das Verhalten extrapoliert bis zum Wahn.

Endlich etwas weniger als unermesslich viel,
»alles« ist der umgangssprachliche Begriff.
Gar der größte Luxus erhält noch einen Schliff.
Es scheint gewonnen – das bizarre Spiel.

Doch die Auswertung der Geschichte – sie lehrt:
ein Richter mannigfaltiger Art steht immer bereit,
der das System von der Fehlentwicklung befreit.
Fazit: Den Weg zu gehen, war's nicht wert!

Der Gruß

Leben in der Gegenwart,
wie denn sonst und wo?
Ab und an da grüßt uns zart:
ein Gedankenbild so froh.

War es schon aus unserem Sinne,
unvermisst und unbestellt.
Doch es ist noch in uns drinne,
Übergang zur früheren Welt.

Etliche haben wir verloren
und gemerkt so gut wie kaum.
Lang ist's her, dass man geboren,
vieles unwirklich wie im Traum.

Deshalb streicheln solche Zeichen
unsere Seele, die verwirrt,
längere Defizite nun begleichen,
eigenes Ich wieder unbeirrt.

Wie wir schmunzeln, wie wir schwärmen,
wenn wir schauen den Weg zurück.
Dabei den Geist so wohlig wärmen,
dieser Zustand – das ist Glück.

Winter in der flachen Stadt

Es schneit…, schneit…, schneit…;
gerad noch in der Weihnachtszeit,
und reichlich fällt die weiße Pracht,
der Wunsch vieler wurd bedacht.

Die Kälte zieht dieses Mal mit,
der Winter geht einen ordentlichen Schritt.
So fängt der Schnee nicht an zu tauen,
wenn der Tag grüßt nach dem Morgengrauen.

Und jeder weitere Niederschlag
steigert der Schneemassen Ertrag.
Eine Menge Menschen an ihren Anwesen
sind beschäftigt nun mit Hacke und Besen.

An den Rändern von Straßen und Wegen
sind bald kleine Schneeberge gelegen.
Etliche Stellen bleiben trotz Streuens glatt,
das setzt manch' Verkehrsteilnehmer matt.

So scheidet der starke Winter die Geister,
die einen finden ihn Scheibenkleister,
die anderen jedoch unglaublich toll,
ihren Trieb nach Wintersport befriedigen sie voll.

Jener, der eine romantische Ader hat,
kann sich sehen an zahlreichen Orten satt.
Der Schneeschmuck weckt die Phantasie,
die Hochform erreicht, wie in der Stadt sonst nie.

Doch der Pragmatiker dazu im Gegenteil
sieht in der Flucht vor diesem Winter sein Heil.
Denn von der Autobatterie bis zum Heizungsposten
realisiert er nur Mehraufwand und höhere Kosten.

Schließlich gibt es noch welche, die dazwischen,
mal freudig jubilieren, mal ärgerlich zischen.
Freilich der Winter, von all dem unbeirrt,
strengt sich weiter an, dass es vor Kälte klirrt.

Was wir auch meinen, wie wir es drehen;
die flache Stadt hat so etwas lang nicht gesehen.
Nicht wenige sind aus ihrem Trott aufgeschreckt,
dieser Winter hat manch Leben zum Leben erweckt.

Das Glück

Aus dem Nichts ward es geboren,
über Ewigkeit galt es verloren.
Dank der Idee, die sich materialisierte,
Leben über viele Glücksumstände realisierte.

Dies sollte sein der erste Blick,
wenn philosophiert man über das Glück.
Denn mit den tausend kleinen Dingen,
muss man nicht von Beginn an ringen.

Ein einzigartiger Schuss landete glanzvoll im Ziel,
ein Treffer, der bedeutet so unsagbar viel.
Unsere Gedanken dürfen nun darum kreisen,
wie wir Gegebenheiten und Prozesse auspreisen.

Der Weg führt uns zu Detail und Moment.
Hier wird in Glück und Unglück getrennt.
Selbst der gütigste Betrachter ist nicht so vermessen,
manch Bitterkeit des Lebens einfach zu vergessen.

Aber er wird uns gedankenklug berichten,
nach welchem Modus sollen die Erscheinungen wir wichten.
Denn das Glück hat ganz viele Farben und Formen,
mannigfaltige Inhalte, die sehr schwierig zu normen.

Was ist das Merkmal, das alle verbindet;
wenngleich sich manche Ausnahme noch windet?
Es ist die Deckung von Wunsch und Sein,
es ist der Treffer, der mitten ins Ziel geht hinein.

Kurios dabei, dass nicht jeder Schuss vorbereitet,
das Schicksal durchaus auf wunderliche Weise schreitet,
derart auch positiv sich auf einige ausweitet,
die nicht von Plan und Anspruch geleitet.

Nah liegt hier auch des Glückes größte Gefahr,
häufig wird's nicht als solches genommen wahr,
weil der erfolgreichen Schüsse gibt's tatsächlich viele,
weiterhin offerieren sich nicht ständig neue Ziele.

Somit ist klar, gilt's, das Glück zu schützen,
was beginnt, es in seiner Reflektion zu stützen,
die Angriffe von Gewohnheit und Überdruss abzuwehren,
den Schatz nicht durch Kleinkrieg zu entbehren.

Es ist eine Aufgabe, wie viele im Leben.
Versucht, nach ihrer Erledigung zu streben!
Offen, wem wird's letztendlich gelingen!
Doch der kann das Lied vom Glück dann singen.

Der Schlaf

Heute gibt es keine Klag,
hattest einen erfüllten Tag.
Arbeit, Freizeit und viel Spaß,
alles besaß ein vernünftiges Maß.
Trotz allem erscheint's nicht als Straf,
wenn fertigmachst dich für den Schlaf.

Anderntags geht 'ne Menge schief
und die Stimmung liegt sehr tief.
Wie das Leben auch mal läuft,
Probleme haben sich angehäuft.
Jetzt nach diesem unschönen Reigen
freust dich, in das Bett zu steigen.

Freilich existiert wiederum ein Morgen,
wo ziemlich ausgeglichen Freud und Sorgen.
In einem komplexen Ablauf von vielen Dingen
wird selten alles wie gewünscht gelingen.
Irgendwann am Abend ist's dir egal,
Schlafengehen nun deine erste Wahl.

Insgesamt gilt es festzuhalten,
'ne Menge Sachen sind zu verwalten.
Raubt schon Energie und Kraft,
so oder so ist man geschafft.
Sehnen nach Freisein von jeglicher Pflicht,
das verspricht die Schlafensschicht.

Eigentlich ist's nicht der Schlaf an sich,
der uns oft anzieht unwiderstehlich.
Es ist die Neigung für begrenztes Abtauchen,
dort keine Lasten einen mehr schlauchen.
Da schimmert die Hoffnung auf einen Traum,
spielend in freudvoller Zeit und sympathischem Raum.

Doch bei allem Reiz und betonter Affinität,
eines in der Wertigkeit weit höher steht.
Es ist das tätige Schaffen, das aktive Sein,
was dem Schlaf erst schenkt seinen huldvollen Schein!

Das Internet

Stellt sich solch ein Thema mir,
geht mein erster Gedanke weit zurück.
Hab mein Heimatdorf im Visier,
Jahrzehnte dabei ich jetzt überbrück.

Radio, erste Fernseher, Zeitung im Kasten,
uninformiert brauchte man nicht sein;
aber ein Drang nach News zu hasten,
war, wenn überhaupt vorhanden, noch sehr klein.

Es gab schon Interesse, auch häufig Neugier,
was so im Dorf und rundum passiert'.
Frauen trafen sich zum Tratsch, Burschen beim Bier;
in der Kneipe und anderswo wurd sich nicht geziert.

Dennoch, der eigene Kosmos blieb eng begrenzt,
bescheiden und überschaubar die Beziehungswelt.
Die Ferne wie ein Stern unerreichbar geglänzt,
jedoch nicht wirklich die Abwechslungslosigkeit erhellt.

Manche Menschen fühlten so sich richtig wohl.
Zwar kannten sie kaum Varianten zur Wahl.
Doch ihr Dasein war ausgefüllt, nicht hohl,
einfache Verhältnisse gaben mehr Lust als Qual.

Freilich nicht wenige empfanden eine Tristesse,
besonders, wenn ungesellig oder leer das Haus.
Einen Nachbar als exemplarisches Beispiel ich nicht vergess,
stark sehnte er sich aus jener Grauheit heraus.

Einsamkeit umschloss seinen stupiden Tag,
hoffendes Warten auf eine rettende Gelegenheit.
Aber er der Macht der Gewohnheit erlag,
zu einer befreienden Aktion letztlich nicht bereit.

So blieb der Reichtum des Lebens ihm verschlossen,
hatte die schönen Seiten des Daseins nicht genossen.
Jetzt der mächtige Satz in das Hier und Heute,
ganz anders präsentieren sich Chancen für alle Leute.

Die neue Technik: Handy, Computer und Internet;
drängte die Langeweile zurück ins Bett.
Jedem wird interessengerecht 'ne Menge geboten,
ein weites Feld, alle Möglichkeiten auszuloten.

Das reicht über Information, Spaß und Spiel
bis zur großen Liebe, die manchem zufiel.
Vielfach werden Probleme und Sorgen geglättet,
auch passiert – die Existenz von Menschen gerettet.

Also hilfreich und nutzvoll für unzählige Fälle,
da steht das Lob an erster Stelle.
Wie meist aber lauert eine Gefahr in der Nähe,
begründet, wenn ich einige Erscheinungen erspähe.

Der Missbrauch schließt ein: Hetze bis Kriminalität,
auch von Profithaschern erhebliche Bedrohung ausgeht.
Falls man sich erfolgreich aller Fremdangriffe erwehrt,
ist da noch die Hürde, was das eigene Ich begehrt.

Es ist durchaus wie bei einer verbotenen Frucht –
ihr Pflücken und Verzehren führt leicht zur Sucht.
Gedanken und Handeln laufen in stetig verengter Spur,
drastischer Angriff auf die Komplexheit menschlicher Natur.

Berechtigt stehen Schilder, die eine Warnung vermitteln,
sollen bei Bedarf die Erkenntnis wachrütteln:
»Der reale Mensch – hinter, neben, gegenüber Dir –
ist die Voraussetzung zum tief erfüllenden Wir«.

Anti – Ratio

Liegen die Verhältnisse noch so klar,
zeigen sich Gegebenheiten eindeutig und wahr,
gibt's beim Überdenken keine konträre Sicht,
ist's die Zeit für einen durchtriebenen Bösewicht.

Stärkt den Bruder Zweifel mit viel Nahrung,
organisiert der unmoralischen Triebe eiserne Bewahrung,
arrangiert Situationen für den gezielten »Black out«,
schließlich den Betroffenen den Verstand geklaut.

Diese schmeißen die heile Welt in Scherben,
aktivieren das eigene und/oder anderer Verderben.
Glück, wenn rechtzeitige Hilfe noch was rettet,
an den Schaden jedoch ewig bleibt gekettet.

Worin liegt bloß der Gegebenheit Grunde?
Wie lautet der Sinn solch unnötiger Wunde?
Beherrscht der absurde Widerspruch manche Struktur?
Sind solche Vorfälle unverzichtbarer Teil der Natur?

Nichts scheint es, ohne Gegenteil zu geben,
begründet auch die Gefahr in unserem Leben.
Die Vernunft hat ebenfalls ihren Widerpart.
Hoffen, dass Katastrophen bleiben uns erspart.

Das Missfallen

Geb ich mir die größte Mühe;
erbringe Leistung, auch nicht schlecht;
ein wenig Anerkennung ist mein Recht;
gegenteilig ich vor Ärger glühe.

Jene Typen geben reichlich Grund,
die aus Neid oder Antipathie ignorieren;
das Haar in der Suppe noch organisieren;
Kritik und Missfallen äußert ihr Mund.

Unheilvoll, wenn sie gar Macht besitzen;
Einfluss ausüben auf das eigene Werk;
unobjektiv einen degradieren zum Zwerg;
den Glauben an Gerechtigkeit aufschlitzen.

Unbehagen steigert sich über Ärger zu Wut,
wo doch Ziel sein soll harmonischer Frieden;
Respekt und Wertschätzung entsprechend beschieden;
stattdessen sich im Konflikt eine Gefahr auftut.

Wie weit oder nah ist nun der Kampf?
Ein wenig Anerkennung ist mein Recht;
erbringe Leistung, auch nicht schlecht;
atme der Verzwicktheit ungesunden Dampf.

Der Kampf

Überlege schon mit Ur-Interesse,
was des Kampfes viele Gründe.
Erkennbar bietet das Leben reichlich Pfründe,
einem Gegenüber zu polieren die Fresse.

Historisch analysiert, gab es schon Zwänge,
die einen Kampf unumgänglich machten,
bei Erfolg die Sicherung der Existenz erbrachten;
rettete man sich doch aus des Unheils Fänge'.

Aber aus dem Reigen um das nackte Überleben
wurde immer mehr ein aufgesetztes Spiel,
das neben Zeitvertreib auch lustvoll gefiel –
die Keime gelegt für ein katastrophales Streben.

Ein größtenteils absurder Wettbewerb war entstanden,
der die noch so kleinsten Strukturen besetzt,
die Akteure zu einem Kräftemessen gehetzt,
bei dem beachtliche Mengen im Elend stranden.

Begrifflich fixiert vor allem durch Krieg und Frieden,
den Polen, die die gesamte Geschichte umspannen.
Die Menschen häufig sich ihrer Vernunft nicht besannen,
die Brisanz angeheizt bis zum vernichtenden Sieden.

Kein Ende dieses Zustandes ist abzusehen,
zwar hier und da ist Waffenstillstand realisiert,
die Sehnsucht nach Harmonie zeitweise triumphiert,
jedoch die Fahnen des Phänomens »Macht« weiterhin wehen.

Ohne

Alles und Nichts steckt hinter diesem »Ohne«.
Der Begriff auf denkwürdige Weise einschlägt.
Keine Empfindlichkeit und Schwachheit dabei schone.
Möglicher Widerstand sich chancenlos regt.

Was wir unser eigen, zu unserem Ich zählen,
im Gedankenspiel kausallos ist's entzogen.
Welche Möglichkeiten gibt es noch zu wählen,
wären unserer ganzen Daseinsgeschichte doch betrogen.

Gleichfalls ist es Ausschluss von Angst und Schrecken,
bedeutet Ende von Zweifel, Skepsis und Unmut.
Dunkle Seiten brauchen, sich nicht mehr zu verstecken,
im Verlorenen gibt's kein »Schlecht« und »Gut«.

Doch mein Wunsch ist schon jener Zustand,
wo es dieses »Ohne« würd nicht geben.
Auf ewig drückt die eine die andere Hand,
sehnen, man dürfe es noch real erleben.

Picasso

Langes Leben	-	Werk von lang gezogenem Sinn.
Polyphiles Streben	-	Gedankenfreiheit feiert Gewinn.
Ambivalentes Geben	-	sowohl als auch steckt drin.
Autorisiertes Erleben	-	Individualität stützt Kinn.
Grenzen unakzeptabel	-	Macht des Akteurs genutzt.
Neuland variabel	-	moralische Bedenken gestutzt.
Eigener Nabel	-	ästhetische Linien weggeputzt.
Bekanntes Verfahren	-	neu aber nicht originär.
Nach Schaffensjahren	-	Einzigartigkeit einzigartig schwer.
Licht glücklich auf ihn fiel	-	leicht entdeckbar sein Spiel.

Der Berg

Was kommt jetzt – welch Impression?
Künstlers Dreh – das ist es schon!
Ein Thema wird wieder mal benutzt.
Nach dem Vers die Feder routiniert geputzt.

Nein, die Ansicht hier wahrlich verkehrt!
Freilich, das Entscheiden darüber oft erschwert.
Der Pragmatiker auch unter Schreibern sitzt
und mittels Kitsch sein Salär erschwitzt.

Urschlag – das Ego tritt in den Hintergrund;
der Anlass zu bewegend, die Seele zu wund.
Denn ich erblicke vor mir einen Riesenberg,
entstanden aus des Menschen Handeln – also unser Werk.

Er ist die Materialisierung all jener Gedanken,
die sich um Not, Leid und Einsamkeit ranken.
Eine ungeheure Erhebung der humanen Klage,
der Wert des Individuums steht zur Frage.

Ist ein Jemand erst außerhalb des Feldes,
worauf gespielt wird unter Regie des Geldes,
also quasi ohne Funktion und zählbaren Wert,
ist er verlassen, vergessen und unbegehrt.

Wenn Freundschaft und Liebe zusätzlich fehlen,
so könnt er sich eigentlich aus dem Dasein stehlen.
Aber in alter Gewohnheit tut er seine Dinge,
vielleicht noch ein freudvoller Wunsch gelinge.

Täglich schaust du in solche Gesichter,
wo erloschen sind der Lebenslust Lichter,
deutlich erkennbar der Tragik Mal –
die Auseinandersetzung damit wird selbst zur Qual.

Eine Lösung mutet heute utopisch an,
ich sehe niemanden, der den Berg entfernen kann.
Ein Ruf, ihn nicht weiter wachsen zu lassen –
wer vernimmt ihn, um entsprechend zuzufassen?

Die Wiederholbarkeit

Bis zum Wahnsinn, Wahnsinn, Wahnsinn
laufen, schreien, starren;
stehen, schweigen, scharren.
Gedanken erscheinen, scheiden dahin.

Bis zum Wahnsinn, Wahnsinn, Wahnsinn
stoßen, drücken, schieben;
hoffen, fühlen, lieben.
Gedanken erscheinen, scheiden dahin.

Bis zum Wahnsinn, Wahnsinn, Wahnsinn
rätseln, grübeln, sinnieren;
fragen, deuten, interpretieren.
Gedanken erscheinen, scheiden dahin.

Bis zum Wahnsinn, Wahnsinn, Wahnsinn
missachten, ignorieren, verneinen;
heulen, schluchzen, weinen.
Wiederholungen erscheinen, scheiden dahin.

Die Wiederholung ist die Konstante im Wandel –
sie ist der Trumpf für des Glückes Handel.
Erst wenn die Wiederholung sich nicht mehr wiederholt,
ist ein Schatz verbrannt, unwiederbringlich verkohlt.

Das Begreifen

Vom kleinsten Alter an die Kinder lernen,
beschäftigt mit nahen Dingen, als auch fernen.
Und immer geht es dabei ums Begreifen,
wie könnte sonst ihr kleiner Geist reifen.

Dabei tanzt der Eine oder Andere schon aus dem Gliede.
Gemeint ist: Es gibt da beträchtliche Unterschiede.
Begriffe wie Schlau- und Dummheit werden verwendet,
mit entsprechenden Prädikaten später die Schule beendet.

So determiniert das Begreifen des Menschen Wege,
gefragt deshalb dessen Entwicklung und Pflege.
Es sich schon in der Regel positiv auszahlt,
wenn man seinen Lebenslauf mit Qualifikationen untermalt.

Ganz oben auf der Bergtour klettern die Weisen,
sie unaufhörlich die gesamte Gedankenwelt bereisen.
Dabei nicht vergessend, mit ihrer Umgebung abzugleichen,
höchstmögliche Erkenntnisgewinne sie als Folge einstreichen.

Doch deren Urteile quittieren die Rezipienten mit Raunen,
drücken damit nur aus ihr überraschtes Erstaunen.
Denn was ist die Quintessenz aller gemachten Aussagen:
Ein hohes Maß an Nichtbegreifbarkeit ist zu beklagen.

Ist dies kein Alibi für Bequemlichkeit im Denken,
so sollte es freilich den Blick dahingehend lenken,
nicht ständig nach Perfektion und Vollkommenheit zu streben,
sondern mit charmanter Naivität manch Wunder zu erleben.

Die Störung

Harmonie, oh Wundervolles!
Glücklichsein jeder in sich trägt.
Menschen Seele erfährt etwas Tolles.
Nichts an den Nerven sägt.
Wie lang lässt es sich erleben,
bleibt eine Störung außen vor?
Wie viel Stärke dabei geben?
Unisono singt der Seelenchor.
Doch so unendlich gering noch die Bewegung,
die Permanenz bringt Wirkung hervor.
Ob mit oder ohne unsere Segnung
öffnet sich der Änderung Tor.
Intentioniert halten wir dagegen,
aber ein Wandel auch in uns selbst vorgeht,
alle Kräfte können nicht mehr hineinlegen,
Wechsel der Lage nun bevorsteht.
Harmonie, oh Wundervolles!
Ewig bist du nicht zu halten.
Jedoch auch die Zukunft zeugt etwas Tolles!
Einige Gänge nunmehr neu zu schalten.
Wenn das richtige Ziel wird anvisiert,
die Störung wieder Partien verliert!

Die Ewigkeit

Zeig mir deine Hand und ich schau hinein
in die Ewigkeit…
Ja, ich hab verlernt zu messen die Zeit
in der Ewigkeit…
Deine Gegenwart macht mich bereit,
abzusehen von allem für die Ewigkeit…
Dieser Moment ist weder kurz noch weit,
da verplombt als Ewigkeit…
Eine überall hörbare Stimme schreit:
»Das wirklich Wahre ist die Ewigkeit…«

Die Ursache

Schönheit, Trunkenheit, Ekstase,
nichts soll verändern diesen Moment!
Der Zauberdrink muss verbleiben im Glase,
jede Leerung abwehrend vehement.

Doch wie kann man es nur schaffen,
Grundlagen unseres Seins verneinen?
Zwischen Ziel und Mittel Risse klaffen,
Machbarkeit da nur phantastischer Schein.

All das, was uns selbst entwickelt,
möchten wir stoppen, einfach lassen ruhn.
Bis hierher – nicht weiter wird gewickelt,
Knäuel des Ganzen, beinhaltend auch unser Tun.

Gottes Plan ist sämtliches Wirken
und nur ihm obliegt die Macht,
neue, andere Radien einzuzirkeln,
das ist die Antwort, die ich bedacht…

Glaube an Gott heißt auch Vertrauen,
dass der Weg der generalen Entwicklung dorthin führt:
Ohne Ende in das nicht leere Glas des Zauberdrinks zu schauen.
Eine heiße, befreiende Vorfreude unseren Ausdruck kürt.

Der zukünftige Mensch

Leben wir heute, interessiert uns doch das Morgen;
spielen mit Gedanken, ernsthaftes oder legeres Tun.
Sehen große Chancen, die sich wehren gegen Sorgen,
erwarten schon ein hastiges, nervöses, schwieriges »Nun«!

Denn bei allen Variablen, die wir vorausschauend einbeziehen,
und einem Tempo der Entwicklung, das uns mutet riesig an,
müssen wir jedoch vor pessimistisch wertenden Tendenzen fliehen,
hängen sonst am gefürchteten Haken des Nicht-mehr-Seins dran.

Gegenwärtig schaut aus manch' menschlichen Produkten bereits das Grauen,
ist der Negativeffekt schon weit höher als der Nutzen.
Wenn wir diese Straßen der Etablierung weiter ausbauen,
werden wir die Hoffnung auf eine lebenswerte Zukunft stutzen.

Die diktierte Anwendung der Technik wird Zünglein an der Waage,
produzieren nicht mehr alles, was potentiell möglich ist.
Das Aushebeln alter Wirkmechanismen wird zur Gretchenfrage,
andernfalls wird die Menschheit Opfer ihrer eigenen Schaffenslist.

Variante ist hierbei, neben dem Auslöschen jeglichen Lebens,
auch die Beseitigung der eigentlichen menschlichen Natur.
Bleibt die Warnung vor künstlichen Eingriffnahmen vergebens,
verlassen wir endgültig die Markierungen unserer einstigen Spur.

Technikmensch heißt die lauernde Bedrohung,
wie viel Künstlichkeit in uns impliziert die Kategorie?
Nicht die eine oder andere medizinische Prägung
lässt uns erschrecken und aufschreien ein »Nie«!

Zuversicht, Gott wird mit glücklichen Fügungen uns davor bewahren!
Nicht nur Rettung, sondern Aufsteigen in ein noch wertvolleres Sein,
wo die wirklich erstrebenswerten Ziele weiter aufklaren
und manch menschliches Problem von heute wird ganz klein!

Jedenfalls soll ähnlich der zukünftige Mensch uns bleiben,
mit dem komplizierten Geflecht aus Ratio und Emotionalität.
Genese auch beim Ausleben dieses Widerspruchs vorantreiben,
aber immer unter Sorgfalt, dass unsere Spezies nicht vergeht.

Das außergewöhnliche Tun

Welt voller Chancen, Denkbarkeiten, Möglichkeiten;
Welt voller Zwänge, Regeln, Notwendigkeiten;
Gegensätze dieser Welt auch in uns Menschen streiten;
interessant, von welcher Kraft lassen wir uns stärker leiten.

Die Sozialisation entfaltet einen immensen Druck.
Die Gesellschaftsnormen trinken wir Schluck für Schluck.
Dem System schließlich ausreichend angepasst ruckzuck,
häufig perfekt, dass einen nicht mal durchschüttelt ein Ruck.

Bei diesem Maßstab sich etliche schon brüstend erheben,
wenn sie etwas alternativ zum bestehenden Konzept leben.
Eventuell meinen, den Außenseiter in der Masse zu geben,
doch schnell verläuft sich im Schein ihr Streben.

Das außergewöhnliche Tun möchte viele Vorschriften nicht verstehen,
will die errichteten und ausgelatschten Wege nicht gehen,
alle sogenannten Grundsätzlichkeiten mit Zweifel versehen,
die das Handeln begründenden Ideen in andere Richtungen drehen.

So wird weiter probiert, wo andere längst passen,
keine Voraussetzung zu hoch, um ein Werk anzufassen,
dabei jede Stupidität und Eingleisigkeit tief zu hassen,
im heuristischen Sinn, das Bewährte einfach zu verlassen.

Die Aufgabe, das Ziel, der Wunsch, was soll man noch sagen,
lassen jene Personen in schier unermessliche Weiten tragen,
jedes Risiko, aber auch jedes, will man dabei wagen,
nur dem Stopphinweis Gottes gäbe man sich geschlagen.

Kein Beifall wird erwartet, keine Medaille, kein Pokal;
tief in der eigenen Seele wurde entschieden die Wahl.
Dennoch geht von diesen Menschen aus ein leuchtender Strahl
und es ist ein Gewinn, wenn sich erhöht deren Zahl.

Der Irrtum

Häufig und aus vielen Sphären
wird emsig ein Standpunkt vertreten,
gegen den möcht mich hier wehren;
Unkraut aus der Ansicht jäten.

»Menschen sind so, wie sie sind«,
wird gern und überzeugt gesagt.
»Wozu erziehen wir denn das Kind?«,
hat kein Vernünftiger je gefragt.

Vor mir seh ich Eigenschaften,
die des Lobes, mit viel Wert.
An ihnen Etikette haften,
die der gütige Geist verehrt.

Aber berechtigt ist die Klage
vor der Widersprüche Macht.
Amoral ist eine große Plage,
Charaktere verdunkelt wie die Nacht.

Niemals ist dies zu akzeptieren,
wenn es auch in ein System passt,
wo die Ungleichheit viele zelebrieren,
Gerechtigkeitssinn aus Profitgier ist verhasst.

Lange schon werden gebaut mächt'ge Schranken,
die des Menschen Durchzug sollen verhindern.
Für die Freiheit aber gefälligst danken,
in einer vielfach unwürdigen Welt zu schindern.

Doch der logische Verstand ist unbeirrbar,
deckt auf diesen Lug und Trug,
die Zukunftssicht rational und klar.
Kommunizier mit, wenn du willst sein klug!

Und so seh ich auch mein Schreiben.
Viele Gedichte gestaltet in der Art,
sich mit dem Schlechten vehement zu reiben,
konsequent und in der Sache hart.

Eine Fülle muss besser werden,
ohne dass man es zur Utopie erklärt,
zu behandeln sind genug Beschwerden,
Einspruch hier sei nicht gewährt!

Über dieses Zukunftsbild wir heut noch staunen,
doch verändertes Sein kreiert 'ne neue Spur,
und im Wechselspiel der unbegreifbaren Launen
entwickelt sich zum Positiven weiter Mensch' Natur.

Die Eignungsprüfung

Ha, ein zynischer Lacher erreicht unsere Ohren,
ausgelöst durch den Wortwechsel in einer Diskussion.
Es klingt, als ob jemand ein wichtiges Spiel hat verloren.
Wohl hat's nicht gereicht, wenngleich knapp war es schon.

Worum ging es in jenem brisanten Meinungsaustausch?
Der Inhalt war die Legitimation von politischer Macht.
Thematisch tief gelegen, nichts für einen oberflächlichen Plausch.
Zu schlagen ist eine fundierte, argumentative Schlacht.

So wissen wir, dass ungeeignet frühere Staatsformen,
von der Polys über die Monarchie bis zur Diktatur.
Keine erfüllte letztlich höher gestellte sozial-ethische Normen.
Ihre Befürworter ignorierten offensichtliche Mängel stur.

Doch was ist mit der gelobten heutigen Demokratie?
Politiker dabei Querbeet an die Macht gespült.
Sie einen Großteil ihrer Wahlversprechen halten nie.
Stets und ständig die Erkenntnis von Übergehung aufgewühlt.

Wer unterzieht sie einem intellektuellen und moralischen Test?
Wer befreit sie aus der Schieflage ihrer Parteikarriere?
Aus der großen Bevölkerungsmenge delegiert durch einen kleinen Rest,
mutiert ein bedeutsamer Handlungsakt zur nichtigen Affäre.

Da ist eine Eignungsprüfung eine zündende Idee!
In vielen Bereichen selbstverständlich gehandhabt und vorgeschrieben.
Das Volk bestimmt seine Prüfungsmitglieder in spe,
aufpassend, dass jeder unlautere Einfluss wird vertrieben.

Jene Bewerber, die dann bestanden, stellen sich zur Wahl.
Erobern sie die Mehrheit des Volkes Vertrauen,
betreten schließlich wirklich legitimiert den Regierungssaal.
Können nun in neuer Dimension auf Unterstützung bauen.

Ganz oben, an der Spitze soll derjenige stehen,
der wahrlich ein Vorbild für alle sein kann.
Die Gesellschaft mit Bewunderung darf auf ihn sehen,
die Macht wird ihn nicht ziehen in ihren Bann!

Anders als heute soll ein Gremium darüber wachen,
weil Regierungskontrolle ist zweifellos niemals verkehrt.
Der Teufel erfahrungsgemäß lauert in so vielen Sachen,
es steht Revolutionäres auf dem Spiel, großer Wert.

Ha, ein zynischer Lacher erreicht unsere Ohren,
ein Ausdruck der Geringschätzung des Ganzen,
»Vorstellung von Phantasten und idealistischen Toren«,
hinter diesem Vorwurf lässt's sich gut verschanzen.

Tatsächlich ist die Gegenwart noch nicht so weit,
doch der Ist-Zustand ist kein Beleg für Recht.
Immer neue Zwänge lassen die Menschen werden gescheit,
dann ist die Position der heutigen Abwiegler schlecht.

Die Veränderung

Menschen schätzen die Gewohnheit,
wenn sie nicht von Last und Plage,
gering deshalb das Maß der Klage.
Eher regiert des Lebens Annehmlichkeit.

Hier und da gibt's Kompromisse,
wenn die Wechsel ziemlich klein.
Ohne Weiteres stellt man sich drauf ein,
bilden im Lebensmuster keine Risse.

Doch ab einem gewissen Grade,
wenn die Veränderung nachhaltig und groß,
erfährt das Daseinsgebilde einen Stoß,
die Wirkung pendelt zwischen toll und schade.

Denn manch Neues kommt als pures Glück,
zielstrebig verfolgt oder ganz unverhofft,
beeinflussend die Dinge radikal oder soft.
Überwiegend wünscht man kein Zurück.

Aber im Ablauf der Geschichte
gibt's leider auch das Gegenteil.
Verloren ist das Wohl und Heil,
als Schattenwelt es man denn dichte.

Verzerrt der Blick in solchem Schmerz,
man sehnt sich nach der Zeit vorher.
Die Last zerdrückt, weil untragbar schwer.
Vorbei die Zeit von Spaß und Scherz.

Aus diesem Grund ist stark die Abwehr
gegen des Anderswerdens Keim;
tragen vorsichtshalber auf neuen Leim,
der mit der Gewohnheit uns verbindet sehr.

Japan 2011

So wie der Tsunami alles verschlang –
Menschen, Tiere, Häuser, Gegenstände,
so fehlt jedem Wort darüber der gewohnte Klang –
keine Struktur einer Kommunikation, die man fände!

Der Versuch des Begreifens in diesen Zeilen
ist schon eine Art geistiger Bigamie,
denn was verloren, ist nicht mehr zu heilen
und beiseitezuschieben, ist diese Katastrophe nie!

Trotz allem aber soll das Gedicht gelingen.
Die Gedanken zum horrormäßigen Thema fokussieren.
Gleichzeitig um Widerhall und Ansprechbarkeit ringen.
Auch die tragische Kunst will sich nicht blamieren.

Nun aber möchte ich auf Japan schauen
und Respekt und Ehre diesem Volk zollen.
Die Leute dort uns das Bild vom Egotyp klauen,
das Gute im Menschen, das große Herz sind nicht verschollen.

Unglaubliches Maß an Leidensfähigkeit sie zeigen.
Aus Schock und Trauer wächst ein Mut empor,
über die inneren Wunden und Risse ziemliches Schweigen.
Im Kampf gegen die Angst treten sie als Sieger hervor.

Vorbildlich ist auch, wie sie situativ handeln,
ohne Allüren, ohne Heldenstatus organisieren ihr Tun.
Nicht auf einer Empore der Weltbühne wandeln,
auf den von Zwängen gepflasterten Straßen schreiten sie nun.

Dabei ist es kein Weg ohne Fallen und Schwäche,
kein Gang ohne Irrungen und nur geradlinig voraus.
Die Gefahren lauern weiterhin auf der gesamten Fläche,
aus der Misere ist man auf längere Zeit nicht heraus.

Deshalb, und bei aller Bewunderung der Japaner,
ist Aktion und Unterstützung all jener gefragt,
ob Europäer, Asiaten, Australier, Amerikaner,
über deren Möglichkeiten und Mittel sich niemand beklagt.

Vor allem und nochmals vor allem
sollten einige ihr Denken und Reden überprüfen,
sich nicht in demonstrativer Anteilnahme gefallen,
gleichzeitig ihre Selbstdarstellung und Besserwisserei vertiefen.

Wir sind genötigt, das gesamte Weltsystem zu überdenken,
solch eine Katastrophe macht vor keinem Land Halt,
die modernen Herausforderungen erfordern zentraleres Lenken,
die heutige politische Struktur bekommt diese nicht in ihre Gewalt.

Das Selbstbewusstsein (Die Psyche)

Wagst du dich in ein Gebäude,
unübersichtlich und geheimnisumwoben;
erwarte dann keinesfalls nur Freude,
musst dir Furchtlosigkeit geloben.

An der Tür findest du ein Namenschild:
»Menschen-Psyche« kannst du darauf lesen.
Einlass nicht nur für Spezialisten gilt,
sondern auch für jedes interessierte Wesen.

Drinnen schon nach ein paar Schritten
dich die Einrichtung fasziniert
und verweilst interessiert inmitten
eines Raumes, der über und über dekoriert.

Dein Blick verweilt, hetzt weiter.
Versuchst, einen Sinn in allem zu sehen.
Doch kein Stück wirst du gescheiter.
Deine Wahrnehmungen fangen an, sich zu drehen.

Oder rotieren um dich die Dinge,
sind mit stärkstem Willen nicht zu fixieren.
Eine Hilfe dir jemand bringe,
um das Chaos zu strukturieren.

Verwirrt und planlos betrittst du andere Räume,
die teils dunkel und ungeschmückt.
Vermischt sind Realitäten und Träume,
die geringste Klarheit weit entrückt.

Ohnmächtig unterliegst du einem Spiel von Kräften,
die in verschiedene Richtungen woll'n lenken.
Zahlreiche Phantasien sich an dich heften,
die einen Gruß vom Wahnsinn schenken.

Scheinbar fremdbewegt torkelst du durch Gänge.
Glück, ein Tor mit Schild zu erkennen.
Davor drängelt eine Menschenmenge.
Ausgang ist's, zu dem sie rennen.

Ein einziger Gedanke: »Nichts wie raus«,
wie Rettung empfindest du das Draußensein.
Nicht mehr umdrehen zu diesem Haus,
die Emotionen pendeln zwischen Lachen und Wein'.

Langsam fängt sich der Geist an aufzuklaren,
das Handeln erfährt wieder Muster und Prinzip.
Die Gewohnheit lässt aufspielen durch Fanfaren,
die Verdrängung funktioniert mittels Alltags Sieb.

Trotzdem, in Zukunft das Erlebnis wird weiter bewegen,
und je nach Typ, Charakter und Kraft,
wird sich der Wunsch nach einem weiteren Besuch regen.
Was hat man im Leben nicht alles schon geschafft!

Die Weltordnung

Heute verfügen die Menschen über so viel Wissen,
haben Erfahrungen in tausenderlei Dingen.
Technik ist ausgeklügelt, salopp gerissen.
Große Herausforderungen können gut gelingen.

Erfolge zu haben, wird immer mehr zur Pflicht.
Die Menschheit steht nicht vor einer lapidaren Wahl,
denn riesige Probleme sind schon lange in Sicht.
Sie manifestieren sich in vielerlei Elend und Qual.

Die Verhältnisse, in denen die Menschen leben,
sind vielfach unzweckmäßig und nicht zeitbezogen,
Sie vielen die Einsicht der Veralterung geben.
Jede Ausrede oder Verteidigung ist schlichtweg gelogen.

Kluge Leute schon lange auf die Zwänge hinweisen –
Veränderung ist ein Gebot der Vernunft und Moral.
Beachtlich ignorierend ihre Ideen durch die Welt reisen,
stattdessen betriebene Politik, abgestanden und schal.

Aber immer im Sinne von nicht mehr relevanten Interessen,
wenn man auf Nutzen und Fortschritt im Ganzen zielt.
Die wahren Revolutionen in der Gesellschaft scheinen vergessen,
es wird auf dem alten Feld von Macht und Gier gespielt.

Dürfen aus Geldnot Maßnahmen nicht stattfinden,
die das Wohl aller oder eines Einzelnen zum Ziel haben?
Aus welch perverser Struktur müssen wir uns endlich winden
und der verselbstständigten Geschichte einer Unlogik schaben?

Grenze darf nur eine reale Unmachbarkeit sein.
Ansonsten zählt nur der Menschheit Vermögen.
Viele etikettierte Krisen sind künstlich und Schein,
wenn Machthaber endlich die Völker nicht mehr betrögen.

So wie die Rolle des Geldes verändert werden muss,
so auch die gesamte politisch-ökonomische Organisation.
Anregungen und Vorschläge gibt's zum Überdruss,
kleinste richtige Handlungsansätze erkennbar schon.

Dabei ist die Kühnheit vieler nur die Reform,
bei etwas Neuerung die Verharrung im Alten.
Jede Neuwahl ist die Hoffnung auf Aktionen über Norm.
Wer freilich konnte die Erwartungen erfüllen oder halten?

Niemand besaß bis heute den Mut und die Kraft,
das lebenserhaltende Projekt nachhaltig in die Wege zu leiten.
Die Überwindung essentieller Probleme wurde nicht geschafft.
Über die Kompliziertheit der Aufgaben lässt sich wohl streiten.

Es geht um die Universalisierung der Kernprozesse,
der Globalisierung in jeder Beziehung ein Adäquat zu geben.
Vornehmlich partielle Interessen gehören in die Presse.
Lasst uns nach einem völlig neuen Gemeingeist streben!

Noch kann man ihn ohne bedrohlichen Zugzwang anpeilen.
Dies wird nicht immer und ewig so bleiben.
Wenn wir in der heutigen Handlungslage verweilen,
wird einst uns eine verheerende Notsituation antreiben.

Der Morgen

Die Nacht, sie weicht dem Morgen.
Dämmerung will noch etwas Ruhe borgen.
Doch schließlich bricht der Tag gemeinhin an,
man sich nur noch schlecht verstecken kann.

Wie war der gestrige Tag, verlief die Nacht?
Ruhig, harmonisch oder gab's 'ne heiße Schlacht.
Mit welchem Gefühl steigt man aus dem Bett?
Freudvoll, optimistisch oder einfach nur nett?

Der Morgen, als Komposition der natürlichen Umwelt,
sich mit seiner Gewöhnlichkeit vor einen stellt.
Schon wechselt Wetter, Jahreszeit und einiges mehr,
aber eine tiefere Differenzierung fällt sichtlich schwer.

So kann man einen Einfluss aufs Gemüt nicht widerlegen,
freilich die Hauptgründe der Gedanken, die bewegen,
kommen aus Relationen zu sich selbst und anderen Personen.
Dieser Schluss wird sich für folgende Betrachtung lohnen.

Dem Morgen gibt der Mensch sein täglich – konkretes Gesicht,
er empfindet dessen Kühle oder wärmendes Licht.
Dem Morgen selbst ist's egal wie vielen anderen Dingen,
mit welchen Melodien wir den Tag besingen.

Die Vergessenheit

Ach, lasst uns mal setzen,
verschnaufend in die Runde schauen;
Pause machen vom Hetzen,
vielleicht einer Erleuchtung trauen.

Empfinden wir nicht zu viel Zwänge,
bauen bereitwillig noch welche auf,
ziehen Unangenehmes unnötig in die Länge,
nehmen weniger Lebensqualität in Kauf.

Willst du normal sein oder glücklich?
Frage, die es in sich hat.
Keine Antwort gibt's augenblicklich.
Vom Grübeln wird der Geist rasch matt.

Vergiss die Regeln, verlass die Bahn!
Zieh heraus, was in dir originär eigen!
Bekämpf diesen unseligen Gleichheitswahn!
Brich deiner wahren Wünsche Schweigen!

Wenn's dir egal, so tue weiter,
wie du's gelernt und stets erfahren.
Für viele ist's vielleicht gescheiter,
gern sie sich ums Bequeme scharen.

Doch bei wem jetzt eine Sehnsucht brennt,
der fürchte sich nicht vor Widerstand,
weil er sich von der Masse trennt,
gedrückt wird an des Bildes Rand.

Noch gibt es Nischen, jene Orte,
worauf der Allgemeinheit Blick nicht fällt.
Dort findest du das Etwas ohne Worte –
den Zustand, den dein Ich für dich bestellt!

Der Slalom

Start ins Leben	–	Start in den Wettkampf
Nehmen und Geben	–	Lockerheit und Krampf
Strecke frei gemacht	–	Hindernisse als Stangen
Rasant und sacht	–	Hoffen und Bangen
Schicksal und Geschick	–	Chancen auf Sieg
Tüchtigkeit und Glück	–	bleib oder flieg
Gespür plus Sinn	–	Erfolg ist nah
Alles ist drin	–	aber selten geschah
Aus Vergangenheit erfahren	–	wahrscheinlich ist Durchschnitt
Stets begleitet von Gefahren	–	Risiko bei jedem Schritt
Ein Ergebnis zu betrachten	–	Kommentar mit Würde
Die Medaille nicht erbrachten	–	unbezwingbar eine Hürde
Weit weg von Niederlage	–	vernünftig sei der Blick
Nicht angebracht die Klage	–	verziehen hier ein Tick
Gepriesen jedes Streben	–	bewegt von Schlecht zu Gut
Auf zum Ziel im Leben	–	erfordert noch großen Mut

Die Vergesslichkeit

Eine unserer menschlichsten Sachen
ist das Vergessen vieler Dinge.
Unser Gedächtnis soll schon wachen,
uns nicht in Schwierigkeiten bringe!

Doch an etliches muss man denken,
mitunter kompliziert des Tages Ablauf.
Unser geistiges Vermögen hat alles zu lenken,
Abstriche nimmt man durchaus in Kauf.

Wenn es eher unbedeutend,
was uns da nicht eingefallen,
wird keine schrille Glock geläutet.
Niemand kratzt mit scharfen Krallen.

Zusätzlich, wenn's einen nur selbst betrifft,
bleibt der Ärger in kleinem Rahmen.
Nehmen eventuell Papier und Stift,
entwickeln daraus keine Dramen.

Stehen wir aber in der Schuld von ander'n,
gaben Zusagen oder Versprechen,
wird Enttäuschung oder Schlimmeres wandern,
kann die Vergesslichkeit sich bitter rächen.

Auf die Spitz das Ganze getrieben,
ist das Leben gar bedroht,
falls ein Schutzengel uns geblieben,
kommen heil raus aus höchster Not.

Die Erscheinung insgesamt gesehen
ist des Lebens eine Tücke.
Unangenehmes kann gar oft geschehen,
für das Wohl fehlen ein paar Stücke.

Der Schrei aus Eklatanz

Ganz und gar und gar und ganz
schmerzt meinen Ohren der Schrei aus Eklatanz!
Was war geschehen, erfasste meinen Blick?
Für meine Leser spul ich den Film zurück.

Eine deutsche Großstadt, für Benachteiligte ein Fest,
ein gesamtes Wochenende ohne Gefühl als verlorener Rest.
Aber ihre Erscheinungen und ihr Handeln zeigen schon –
hier feiert nicht des Schicksals verwöhnte/r Tochter oder Sohn.

Sie umweht nicht die Aura von Attraktivität.
Für ein gesundes, maßvolles Leben scheint's häufig zu spät.
Sie selbst verweilen im Dunst von rechtfertigenden Zügen,
oft mit Drogen ihr widerstrebendes Gewissen betrügen.

Aber wo war Hilfe, warum wurd's zugelassen?
Offensichtlich ist's kein singuläres Phänomen, sondern von Massen.
Die Gesellschaft müsste sich fragen – wie relativ oft –
»Auf welche Kräfte, auf welches Wunder hat man gehofft?«

Markanterweise, ein paar Gehminuten weiter –
die Ansichten, die Empfindungen werden geradezu heiter.
Einkaufspassagen und ein märchenhafter Konsumtempel darin
indizieren wohl unseres derzeitigen Daseins höchsten Sinn.

Ja, hier spricht Schönheit ganz ohne Zaudern,
über Geschmack und perfekten Style ließe sich plaudern.
Trotzdem, es ist lebloses Material, es sind nur Sachen,
die einen großartigen Eindruck auf Staunende machen.

Alles Dargestellte ist noch kein Grund zum Rebellieren,
der wird erst gefunden beim sorgfältigen Recherchieren.
Beide Seiten bedingen sich im Zusammenhang eines Ganzen.
Die Musik ist prädeterminiert, nach der wir da tanzen.

Die Marktwirtschaft – das System von dem wir hier sprechen,
kennt vor allem Profitgeist und das muss sich rächen.
Es ist die Entfremdung des Humanen zum Abnormen,
uns begegnen als Folge absurde und skurrile Formen.

Ganz und gar und gar und ganz
schmerzt meinen Ohren der Schrei aus Eklatanz.
Doch wie viele Schreie muss es geben,
dass wir nach einer radikalen Verbesserung streben?
Ein bisschen besänftigt, ein wenig gebessert
und schon ist wieder das Ziel verwässert.
Man sieht die Gebrechen und schützt sein Ich:
»Habe positiv gewirkt, es gilt nicht für mich!«
Aber was ist geschafft, wie groß der Nutzen?
Lasst uns unsere Gläser mal gründlich putzen!

Das Staunen

Stumm; bis zum Aufschrei reicht die Spanne
der Reaktion auf das, was uns zum Staunen bringt.
Vom Mädchen bis zur Frau, vom Knaben bis zum Manne –
Übermächtiges, Unerwartetes, dass man um Fassung ringt.

Erwartungen und Realität klaffen auseinander;
je breiter der Spalt, umso größer der Effekt.
Das Maß des Staunens dehnt sich wie ein Expander,
die Erscheinung nicht durchleuchtet und ungecheckt.

Dabei ist das Ganze fast immer positives Empfinden,
eine Tatsache, die uns das Leben erhellt.
So lasst es uns in den Strauß des Glückes binden,
ein Geschenk Gottes, das uns in unsere Arme fällt.

Das Problem lautet, diese Gaben zu übersehen.
Jedoch die Welt um uns ist reich davon.
Die Chancen, sie zu erkennen, kommen und gehen.
Häufig ist unser Denken viel zu pragmatisch schon.

Deshalb sollten wir das Staunen wieder lernen.
Das Selbstverständliche nicht stetig als selbstverständlich betrachten.
Uns öfters von einem logisch-sachlichen Standpunkt entfernen,
mit sympathischer Demut all das Grandiose beachten.

Wenn uns auch so viele Dinge zwingen,
quasi normal im Alltag zu verkehren,
lohnt es schon, um die Gelegenheiten zu ringen,
für die Gefühle, die uns das Staunen dann bescheren.

Das Vorspiel

Manchmal, aber regelmäßig wieder
setzt sich ein Gedanke bei mir fest,
den ungebremsten Frohmut drückt dann nieder,
alle Bejahung beinhaltet einen skeptischen Rest.

Unser ganzes Tun und stetig Handeln
ist nur Vorspiel ohne weiteren Schritt.
Wir hinter einem eigentlichen Sinn nur wandeln,
die permanente Erwartung geht kontinuierlich mit.

Jede Erfüllung stellt sich dar als doch verschieden
von dem, was wir erhofft oder ersehnt.
Uns bleibt das Menschliche beschieden,
der Begriff von Glück ist weit gedehnt.

Aller Ziel ist zugleich Anfang
in einem nicht widerspruchslos gewollten Fluss.
Ohne Zuspruch führt uns mancher Drang
zu Dingen, die man erledigen muss.

Sie und überhaupt das ganze Schaffen,
Zeit und Raum nach Plan durchschreiten,
sind die Ursache, dass Lücken klaffen,
das Vorspiel in die Hauptaktion auszuweiten.

Die Prägung

Die Welt ist riesig, unzählige Wege offen,
doch,
ist erst einmal die Wahl getroffen,
Bruch,
von der einstigen Auswahl ist vieles verschwunden,
unbemerkt,
denn an die Fahrt ist man mit seinen Gedanken gebunden,
verstärkt,
auf einen wartet ein Berg von Aufgaben,
mitunter,
in der Tiefe nach einer Entscheidung graben,
munter,
und vorrangig impulsiv im Saal der Jugend tanzen,
leicht,
noch trägt sich der Verantwortung Ranzen,
seicht,
umgibt einen der Liebe Gewand,
unentweicht,
und ungestüm stößt man an der Dinge Rand,
verhalten,
zeigt sich der eigenen Struktur Limit,
geschalten,
die Verengung im einst weiten Lebensschritt,
geprägt,
durch ständig gleiche Kontakte und Tätigkeiten,
gesägt,
an der Leiter in unbekannte Höhen zu schreiten,
vermutet,
der ungezählte Reichtum der Ansichten und Weisen,
gesputet,
zum Antritt noch vieler erkundsamer Reisen,
erhofft,
die Entwicklung zu einem Universalgelehrten,
gezofft,

das konklusiv Neue mit den eigenen Urwerten,
rotierend,
die Befürwortung und Ablehnung gleicher Antworten,
reagierend,
im Vergleich eine Vielzahl empirischer Reihen und Sorten,
starr,
bleibt schlussendlich das individuelle Gerüst,
erkennbar,
das Anderssein des Ich nur ein ideelles Gelüst,
punktuell,
lässt sich hier und da etwas verschieben,
doch,
letztlich ist man immer derselbe geblieben,
Nonbruch,
nur in Phantasie oder Ahnung zu anderen Ufern getrieben!

Ich möchte noch mal klein sein...

Ich möchte noch mal klein sein
und das ganze Leben noch vor mir,
mit allen Liebsten von heut und damals, fein.
Um einen Jungbrunnen tanzen wir.

Ohne ein End zu fürchten oder sehen,
froh und unbedarft in jeden Tag hinein,
nicht mit der Last der Reife gehen.
Ohne Wehmut blinzeln in den Sonnenschein.

Die Kette der Erinnerung noch kurz,
doch dafür das Zukunftsland so weit,
unbekannt des Lebens mancher Sturz.
Ernste Dinge stellen sich dar als Nebensächlichkeit.

Ich möchte noch mal klein sein,
mit Genuss die Kindheit erleben,
nicht hinterschauen vieler Sachen Schein.
Wo ist die Macht, diese Chance zu geben?

Der Protest

Wie eine Quelle, die nie versiegt,
wird unser Geist mit Daten versorgt.
Ob wahrheitsgemäß oder man uns belügt,
das eine oder andere schon genügt,
zumindestens ideell man sich eine Kanone borgt.

Man ist dagegen aus entsprechenden Gründen,
vielfach es auch ins praktische Leben eingreift.
Die Form des Widerstandes nicht leicht zu finden,
gut tut, sich mit anderen wirkungsvoll zu verbinden.
Hoffentlich eine Idee für die eigene Gunst reift.

Der Wille entscheidet, wie stark der Protest,
wie viel Leidenschaft und Wagemut er enthält.
Das Höchste: Alles zu geben bis zum letzten Rest;
an die Wirksamkeit glaubend, unbeirrbar und fest.
Nichts bleibt, was dem Ziel nicht untergestellt.

Bloß nicht jeder Protest steht auf Gerechtigkeit Fuße,
Irrungen und Wirrungen sind nicht ausgeschlossen.
Reichliches Abwägen ist nicht eine Frage der Muße,
sondern man entgeht mit Klugheit etwaiger Buße.
Ein Erfolg sollte nur auf moralischer Basis werden begossen.

Die Hässlichkeit

Grusel, Greuel, Ekel, nur noch Abscheu,
wie lässt es sich nur noch benennen,
wenn Körper und Geist nur noch fortrennen.
Alles Handeln, alles Denken nur noch neu.

Schon, die Hässlichkeit hat Stufen,
schon, wenn wir Perfektion anstreben,
schon, das Schöne suchen im Leben,
schon, nach einem hehren Daseinsgrund rufen.

Jedoch immer ein Maß die Toleranz überschreitet,
wo immer dann das Entsetzen beginnt,
leider immer in dieser Beziehung negativ gesinnt,
sich immer die Frage nach dem Warum ausbreitet.

Lässt Schönes sich nur über Hässliches definieren?
Natürlich stellt sich der Aspekt der Relativität.
Man denkt sich, ist dieses Paar auf ewig gesät.
Wer beklagt sich, ergebnislos darüber zu sinnieren?

Ich für meinen Teil möchte Hässlichkeit überwinden.
Ich für meinen Teil bin geschockt, wo sie auftritt.
Ich für meinen Teil wirke hier und da mit,
wo versucht wird, akzeptable Lösungen zu finden.

Die Familie

Die Natur des Werdens, Menschen Geburt,
ist das Verschmelzen von Frau und Mann,
und solange die Uhr des Daseins surrt,
sich niemand aus dieser Bestimmung lösen kann.

Urwüchsig und fundamental ist konkreter Kreis von Personen,
der sich nach Ge- und Begebenheit erweitern lässt,
und für die Anforderungen des Lebens sollt's sich lohnen,
zu ziehen die entstandenen Banden eng und fest.

Es ist das, was wir Sinn wohl nennen,
wenn unser ganzes Sein und Tun wir betrachten.
Tausenden Dingen unaufhörlich zwar hinterherrennen,
aber aus welchem Motiv, die wir schon machten.

Entkleiden wir die Erscheinungen bis zum Kerne,
der uns das Wesentliche und Wahre aufzeigt.
So ist es die Liebe in Nahheit und Ferne,
wer sie versendet und empfängt, in Erfüllung schweigt.

Wo anders ist jedoch der Hort dieser Liebe,
als in einer Familie zwischen den Menschen dort.
Denn was nur ist den Unglücklichen verbliebe',
die verlassen oder verloren haben besagten Ort.

Ein Ort, wo du selbst sein darfst ohne Gebaren,
den Rollen der entfremdeten Welt endlich entschlüpfst,
und ohne Ansatz von Zweifel bist du dir im Klaren:
Dies ist die Umgebung, in der du vor Freude hüpfst.

Die Rezeption

Rezipienten, wo du hinschaust.
Glück, wenn sie sich für dich interessieren.
Meinungen hören, wenn du dich traust.
Was geht mehr, als sich blamieren.

Alles, fast, gibt's heut im Überfluss.
Schließt den Mangel paradoxerweise nicht aus.
Steil gestiegen der Prozentsatz Stuss.
Wer erkennt die Qualität noch heraus?

Kunst, Kultur, wie wir's auch nennen,
ist ein formidables Gebiet dafür.
Wie viel Kitsch wir doch wohl kennen,
beherrscht, getrieben häufig durch Gewinngier.

Mancher möchte schnell Karriere machen,
mitunter Werbung es als leicht suggeriert.
Über Ausfälle von Dilettantismus lässt sich lachen,
Nabelschau und mehr ganz ungeniert.

Dabei die Rezipienten betrachtet nur als Masse,
zurückgeblieben in Urteilskraft, verhaftet ihrem Trieb.
Für Schwachsinn werden sie gebeten zur Kasse,
über den Tisch gezogen, mehr als ihnen lieb.

Hier und da darf man es nicht verneinen,
blüht eine Fertigkeit auf zu einer Kunst,
und vor Begeisterung möchte man weinen,
dass entdeckt und erlebt man solche Gunst.

Jahreszeitensplitter

Herbstlich gefärbt, wo ich hinschau, das Laub.
So gar nicht trüb die Stimmung hier,
die vielen behutsamen Sonnenstrahlen reflektier.
Auf meiner Gefühlsskala mich nach oben schraub.

Es ist nicht Abschied, sondern Aufbruch,
den ich beim festlichen Schmuck der Natur empfind.
Zur Gemütlichkeit des Heimes treibt der Wind.
Die Zwanglosigkeit der Situation belobigt mein Spruch.

Des Winters größtes Geschenk ist der Schnee.
In seiner Weißheit reinigt er jede Stell,
verdeckt manch trostlose Grauheit recht schnell.
Bei Kälte und Licht funkelt es, wohin ich seh.

Winterlandschaften werden oft bezeichnet »wie gemalt«,
und tatsächlich drücken sie etwas Künstlerisches aus.
Das Gemüt stellt seine frohen Gesellen vors Haus,
Freude als Preis, für den ich kein Geld je bezahlt.

Doch wenn der Frühling schickt seine Boten
und Eis und Schnee zu Matsch verkommen,
macht eine Abschlussstimmung mir das Herz beklommen,
dann muss ich die Chancen nach Neuem ausloten.

Etwas später kommt dann die Wiederkehr einer frischen Energie,
die durch Wärme und Helligkeit stark angeregt.
Ich mich zur Realisierung mancher Phantasie fühl bewegt,
frag jetzt nicht nach Machbarkeit und dem Wie.

Mein persönlicher Höhepunkt nähert sich nun schnell.
Es ist die nicht ganz früh terminierte Osterzeit.
Der Geist, die Kraft, die Lust tragen mich so weit.
Ich hab gefunden des Lebens größten Reichtums Stell.

Bis zum Sommer jubiliert die Natur mit Farben.
Das Meer und die Seen laden ein zum Baden.
Ich treff viele Leut, die den Alltagsstress haben abgeladen,
und mit ihm etliche Dinge, die ihnen den Spaß verdarben.

Aber wenn der Sommer besucht mit heißen Tagen
und Teergeruch, Straßenstaub und Verdörrtheit befördert,
ich im Schutz eines Schattens meine Empfindung hab erörtert,
meinend, dass nur den Morgen und Abend ich kann ertragen.

Da wird ein Gewitter von mir geradezu herbeigesehnt,
welches mit Abkühlung und Regen dem Körper Labsal bringt.
Die Wende zum Sprudeln der eigenen Aktivität gelingt,
ich mit Neugier und Zufriedenheit ans Fenster gelehnt.

Wenn der Sommer wieder in den Herbst gleitet,
die Gärten und Felder voll von Erntbarem quellen,
dann lässt sich die Idee von der Sinnhaftigkeit nicht entstellen.
In der Beziehung von Arbeit und Erfolg die Genugtuung sich weitet.

Verrückt, wie spezielle Emotionen sich mit den Jahreszeiten wiederholen.
Oftmals scheinen sie vergessen oder gar verloren.
Überraschend detailgetreu klopfen sie an meinen Sinnestoren
und verschwinden, wie sie gekommen, auf leisen Sohlen.

Immer, wenn ich darf sie spüren, tief empfinden,
dann wird mein Ich so beglückt und beschwingt.
Es ist, als ob ein hohes Wesen mich aufs Neue beringt.
Vergessen die Bedrohungen der Zeit, die meine Seele schinden.

Die Nichtigkeit

Tausend Dinge die Menschen betonen
und noch weitere Male bekräftigen sie sie.
Dabei sich offensichtlich gar nicht schonen.
Nicht wenige befinden sich in Euphorie.

Doch zu einem beachtlich großen Teil
ist es nur Maske vor einem ernüchterten Blick.
Registrierbar ein Ausdrucksmodus von Langeweil,
ein Halt auf der Irrfahrt zu erhofftem Glück.

Manchmal geschieht es auch aus List und Tücke.
Es wird aufgewertet aus gezieltem Interess'.
Dabei füllt man Schaum in des Sinnes Lücke:
»Verführt, Verleitet, Verbogen mit Finess'«.

Schließlich sind etliche auch hin- und hergerissen.
Große Ideen und großes Tun sind doch existent.
Wiederum auf vieles ist auch »draufgeschissen«.
Gegenwart von Zweifel und Angst ist stets latent.

Aber alles kulminiert in fundamentale Fragen:
Zweckloses Dasein – Dasein ohne Zweck?
Welche Erkenntnis wir auch tragen –
ohne Gott wär jede Antwort Schreck!
Nur mit ihm sehen wir einen hehren Grunde,
angereichert mit der Liebe, die wir nehmen und geben.
In diesem Verständnis ehren wir jede Stunde,
die wir aus der Tiefe des Nichtigen heben.

Die Philosophie des Maßes

Oh, was gibt es Denker!
Glaub zu jeder Zeit.
Grandiose Ideenschenker,
für des Fortschritts Herrlichkeit!

Genies auf allen Gebieten,
kein Zweifel angebracht!
Erkenntnisse ohne Nieten,
Siege in zivilisatorischer Schlacht!

Trotzdem bleiben immer Lücken!
Dinge, die noch nie so gesagt.
Ich hoff, mein Versuch wird glücken!
Die Absicht, sie ist gewagt.

Ein Urprinzip ward gesucht,
ein »Das«, was allen eigen ist!
Ein Begriff, noch nicht gebucht,
das ist der Sache List!

Unsere Sprache ähnelt Zahlen,
wo manch Menge nennt man dicht!
Wir öffnen noch so kleine Schalen,
zum Ende kommt man nicht!

Ein Phänomen lässt sich nicht greifen,
vollends, durch eines Wortes Reflektion!
Die Assoziationen um den Punkt schweifen.
Bei Nähe – zufrieden ist man schon!

So begegnet uns quasi auch hier
das Elementarste, was ich meine:
das Maß im philosophischen Visier.
Es spricht für sich alleine.

Zündung für den bekannten Urknall,
danach involviert im ganzen Sein.
Verantwortlich für Aufstieg oder Fall,
für jedes Kausalitätsgeflecht Zünglein.

Sehr häufig lässt's sich messen
mit Einheiten und in Formeln kleiden.
Die Forscher macht dies besessen,
sie mögen das Schwammige nicht leiden.

Doch sind's gerad diese Gegebenheiten,
die den Menschen begegnen auf Schritt und Tritt.
In der Spanne von Wahr- und Falschheit schreiten,
die Hoffnung auf Richtigkeit genommen mit.

Das Maß, überall wird es uns begegnen,
existiert auch da, wo wir nicht waren oder sind.
Gott selbst wird die Menschheit maßvoll segnen,
aber wie weit, müssen wir ständig herausfind'.

Jawohl, mit der Aufdeckung dieser Zusammenhänge
stellen sich nun erst recht komplizierteste Aufgaben.
Leicht lässt's sich verfangen in des Elends Stränge',
zwischen Wohl und Wehe wir die Wahl haben.

Das Maß händigt aus den roten Faden.
Es steht für Veränderung wie für Konstanz.
In jedem System ist eine optimale Größe zu laden.
Der Kampf darum stellt sich dar als heißer Tanz.

Wenn wir gar außerhalb des Maßes uns befinden,
dann tritt ein, was Fatalismus manche nennen.
Das Konkretum ist nicht mehr an das Sein zu binden,
den Vorgang des Vergänglichen wir aus Erfahrung kennen.

Die jeweilige Maßspanne ist ein Komplex von Faktoren.
Für Erfolg sollten wir die Wechselwirkung aller durchschauen.
Gelernt, es sind die generellen und besonderen Antriebsmotoren,
mit deren Hilfe wir unsere und Gottes Welt bauen.

Die Absolutheit des Ich

Wie viel Jahre leben wir?
Gemeint bist du und ich!
Davon welch Zeit widme ich dir?
Was nehm ich für mich?

Wie viel geb ich von mir ab,
bin wirklich aus meinem Haus?
Denk, der Anteil ist sehr knapp!
Warum geht's nicht öfter raus?

Nicht das bloße Gemeinsamsein zählt,
hier bei dieser kritischen Sicht.
Nur wenn das ganze Ich gewählt,
brennt auf der Messung Licht.

Allzu oft bleiben wir stumm,
in eins nur mit unseren Gedanken.
Die Taten sind teils nur drumrum,
der Geist schließt seine Schranken.

Die Außenwelt, wir nehmen sie wahr,
aber das Meiste spielt sich in uns ab.
Schon wird erkannt das Problem so klar,
der Antrieb für Besserung häufig schlapp.

Der Grund dafür ist auch unser Wille.
Das Intimste wollen wir mit niemand teilen.
Absurdes, Schamvolles verbleibt in eigener Stille.
Im ideellen Bereich gäb's 'ne Menge zu heilen.

Einen weiteren Teil wollen wir keinen zumuten,
im Widerstreit mit etlichen Dingen selbst ringen.
Klar sollten wir unsere Seele ab und zu fluten,
doch so vielen will die Umsetzung nicht gelingen.

So bleibt das Ich mit sich selbst stark beschäftigt,
weitgehend charakterisiert sich das Leben als Eigenleben.
Das Anderssein, das soziale Geflecht wird zwar bekräftigt,
wir permanent der Hoffnung auf Besserung Nahrung geben.

Doch das Ich mit allem Drumherum ist unsere Natur,
letztlich bleiben wir im Wesentlichen in ihr gefangen.
Wenn wir auch wünschten, zu gehen eine andere Spur,
die Determinationen als Spezifikum alle Versuche niederrangen.

Wir können von anderen Menschen viel verstehen,
sie lieben, versuchen, mit ihnen eins zu werden.
Dennoch, mit Grenzen konfrontiert, wir sehen,
das Individuum bleibt individuell auf Erden.

Agieren wir zwar in Gemein- und Gesellschaft,
sind als menschliches Wesen meist nicht gern allein,
aber beherrschend in der Natur ist eine mächtige Gegenkraft,
die für viele bewirkt ein schmerzhaftes Einsamsein.

Der Pullover

Ich, der nun schon älter geworden bin,
beherberge in meinem Kleiderschrank noch Anziehsachen,
die rühren aus dem jungen Erwachsensein bis zur Jugend hin,
bei mir Freude und Erinnerungsmechanismus entfachen.

Es ist nicht Zufall, dass ich sie habe behalten.
Ihre Funktionsfähigkeit und Schönheit sind Grund dafür.
Da ging es nicht darum, die Vergangenheit zu verwalten,
und trotzdem öffnen die Stücke gerad hierzu die Tür.

Das Schönste ist jedoch, dass ich noch manches anziehe.
Ja, bei etwaiger Verwunderung, ich pass da hinein,
und einen Blick in den Spiegel beileib nicht entfliehe.
Ich bin es selbst und keiner Illusion Schein.

Ein Pullover existiert, ich kann mich entsinnen,
den trug ich zur Schulzeit und damaligen Feiern schon.
Ich seh noch die Mädchen, die mich wollten gewinnen,
doch tat ich uninteressiert, welch ein schmerzlicher Hohn.

So baut dieser Pullover eine Brücke über lange Zeit,
und denke, wie war ich damals und bin es heut.
Was habe ich verloren oder bewahrt auf dem Weg so weit.
Versuch, tief zu bohren, keine geistige Müh gescheut.

Und zieh ich ihn über, so steck ich vollkommen drin.
Gemeint auch die Zeit von damals bis zum heutigen Tag.
Ich entdecke, dass der Pullover besitzt einen tieferen Sinn,
wenngleich nur ein Ding, ich es trotzdem unglaublich mag.

Die Barriere

Du kannst tun, du kannst lassen,
einer wird dich immer hassen.
Du kannst wirken, du kannst drehen,
einer will dich doch nicht sehen.
Du kannst schmeicheln, du kannst werben,
einer legt für dich paar Scherben.
Du kannst denken, du kannst hoffen,
einer will sich mit dir zoffen.
Du kannst zureden, du kannst bitten,
bei einem hast dich garantiert geschnitten.
Du kannst schindern, du kannst schaffen,
einer würd dich gern niederraffen.

Wieso will er dich nicht begreifen,
von der Wahrheit nur abschweifen,
Verständnis für dein Ich erlangen,
jeden gütigen Versuch abzufangen?
Warum ist er so negativ angetrieben,
jede Objektivität beiseitezuschieben?
Eine Barriere tut sich auf,
lässt sich nicht abbauen,
manche Dinge ändern nicht ihren Lauf,
musst akzeptieren und schauen!
Vielleicht gelingt, etwas zu verschieben,
jedes Plus wär schon gelungen.
Selbst tut man nicht jeden lieben,
auch schon mit der Grenz' gerungen.

Das Kuriosum oder auch nicht

Schreib ich über dies und das,
lass teilhaben, mein Innerstes zu schauen,
spiel mit Begriffen den einen oder anderen Pass,
versuch, etwas Sinnvolles zu bauen.

Tret ein in die Gedankenwelt,
zeitweise ähnelt sie einem Labyrinth,
Zufall, worauf die Wahl gerad fällt,
irrend manchmal wie ein kleines Kind.

Antworten geben auf die Fragen,
Lösungen zeigen für ein Problem,
einfach mal was Hübsches sagen,
anderen und selbst ein Geschenk geben.

Wer da alles besser weiß,
schreibt auf die nächsten Zeilen!
Wer alles abtut als »Scheiß«,
muss bei seinem Niveau verweilen.

Blöd, wenn das schlecht nur ist,
auch zu nichts zu gebrauchen,
verpestend die Atmosphäre mit seinem Mist,
sollt sich ins Dunkel verkrauchen!

Ist nicht leicht mit Qualität,
mitunter schwer zu definieren.
Selbst wer den Samen der Masse sät,
muss nicht mit der Frucht brillieren.

Kriterien dabei hin und her,
dieses lässt sich gewiss sagen:
»Wenn's mir gefällt doch sehr,
dann verbietet sich jedes Klagen.«

Blicke auf mich

Wer blickt überhaupt auf mich,
ist des Anfangs interessante Frage.
So eine Selbstreflektion mancher Tage,
denk, alles andere als wunderlich.

Naturgemäß schau ich selbst auf mich,
der Blick reißt bei Wachsein niemals ab.
Diese Selbstbeschäftigung hält einen in Trab,
denk, alles andere als wunderlich.

Bei meiner neugierigen Sicht auf mich,
seh ich einen Menschen mit wechselnden Facetten,
eine einhellige Meinung dabei leider nicht zu retten,
denk, alles andere als wunderlich.

Empfinde mich als moralisch-bescheidenes Wesen,
zum Großteil und im Kern von Güte geprägt,
den einen oder anderen positiven Ast angesägt,
aber in meinem Verhalten ist die Gottestreue zu lesen.

Die Triebe, die uns eigen als natürliches Wesen,
sind teils schwer zu händeln, von komplizierter Art,
so verlasse ich mitunter den Raum, nett und zart,
aber immer in meinem Verhalten die Gottestreue zu lesen.

Entdecke ich auch eine höchste Intensität in meinem Wesen,
eine Sensibilität, die ihresgleichen sucht,
die Fahrkarte für die unsterbliche Reise gebucht,
hoffnungsfroh in meinem Verhalten die Gottestreue zu lesen.

So fühl ich mich zu Besonderem auserkoren,
dabei nicht überheblich gelten möcht,
die Selbsteinschätzung muss bleiben gerecht,
doch ohne mein Wirken gänge ein Stück Freude verloren.

Für mich hab ich Stilmittel Gedicht auserkoren,
durch das meine Innenwelt zu anderen Menschen drängt,
hoffend, dass sich das Eine oder Andere bei ihnen verfängt,
dass manche Überlegung dadurch geht nicht verloren.

Das Tollste: Sie haben mich für sich auserkoren!
Der Wechsel zum Blick anderer auf meine Person!
Für mein Schaffen natürlich erstrebenswerter Lohn,
denn nur alles allein für sich wäre verloren.

Wie andere einen einschätzen – schon interessant.
Die Umstände des Kontakts spielen eine große Rolle.
Welche Urteile und Meinungen treffen dann ins Volle?
Erwähnend, das eigene Verhalten ist auch nicht konstant.

So eine bewegliche Zielscheibe, wie interessant,
und die Schützen mit ihrer differenzierten Natur,
es gleicht dem Erfolg bei Verfolgung einer endlosen Spur,
aber manches auf der Suche ist hilfreich konstant.

Schließlich zähl ich die Treffer, wie interessant,
von den meisten Versuchen nicht mal was weiß,
staunend über die Vielzahl und den geistigen Fleiß,
die Auswertungskurve alles andere als konstant.

Es wird geblickt auf mich von vielen Seiten,
wie schätzt sich's ein, wie lässt's sich werten?
Etliche Stimmen die Hoffnung auf Objektivität nährten,
meine Selbsterkenntnis vermag sich jedenfalls zu weiten.

Ich wusste, das diesbezügliche Thema kennt viele Seiten,
die Handhabung häufig verworren, keinesfalls leicht,
mitunter regiert Unzufriedenheit, so dass es mir reicht.
Dann möchte ich abschalten und nichts mehr ausweiten.

Zum Schluss setz ich folgende Leitidee über die Seiten:
»Ein gewisses Bemühen sich in jeder Sache lohnt«!
Ich von Bedenken einer eklatanten Fehlcharakteristik bleib verschont,
Gemeinsamkeiten fremder und eigener Beurteilung dabei ausweiten.

Das Geschenk

Ein Geschenk	-	so möcht man schreien,
ein Geschenk	-	so wundervoller Art,
ein Geschenk	-	nicht zum Verleihen,
ein Geschenk	-	nicht irgendwas gespart.
Ein Geschenk	-	das nennen wir Leben,
ein Geschenk	-	das zahllose Male ward gebracht,
ein Geschenk	-	wollen's nicht zurückgeben,
ein Geschenk	-	wollen's behandeln zart und sacht.
Ein Geschenk	-	stets aufs Neue zu gebrauchen,
ein Geschenk	-	stets zeitlos aktuell,
ein Geschenk	-	ganz lieblich anzuschauen,
ein Geschenk	-	ganz Freude bringend auf der Stell.
Ein Geschenk	-	leider kaum vorstellbar,
ein Geschenk	-	leider oft schlecht benutzt,
ein Geschenk	-	seltsamerweise manchem nicht klar,
ein Geschenk	-	seltsamerweise zerkratzt und ungeputzt.
Ein Geschenk	-	mit größter Sorgfalt zu behandeln,
ein Geschenk	-	mit absolutem Einmaligkeitswert,
ein Geschenk	-	aus keinstem Grunde zu verschandeln,
ein Geschenk	-	aus Überzeugtheit jeden Missbrauch abgelehnt.

Die Sonntagsmesse

Wie viel Pathos in den Zeilen
gibt dem Ausdruck lebendige Kraft,
was rhetorisch gibt's zu feilen,
dass das Anliegen ist geschafft!

Dieses heißt, ein Loblied stimmen
auf der Kirchen Sonntagsmessen,
den Olymp der Sprach erklimmen,
von dem Wunsch jetzt ganz besessen.

An betreffenden Tagen an Kirchenorten –
Gott und Mensch sind nah wie nie,
Prediger bauen Brücken mit ihren Worten,
demütig fallen die Gläubigen aufs Knie.

Darüber hinaus wollen sie schreiten
mit Worten und Melodien zu Gottes Thron,
ihr eigenes Ich und Sein so weiten,
als wäre jeder selbst des Herren Sohn.

In den Kirchenbänken voller Überzeugung sitzen,
dass Gott sie erhört, auch beschützt,
mit den Gedanken Kreuze ritzen,
die Heiligkeit ihrem Wohlsein nützt.

Aus dem Glauben wird hier Wissen,
mit Gott feiern sie ein gemeinsam' Fest,
niemand möcht nur etwas missen,
Dankbarkeit vertropft bis zum letzten Rest.

Dieses Einssein möchte ich tragen,
aus den Messen in die alltäglich' Welt,
und Euch Gläubigen will ich sagen:
»Ihr habt mich so wundervoll erhellt!«

Das Büro

Als junger Erwachsener dann ausgelernt,
versetzt in ein Büro entfernt,
in eine Straße, ruhig gelegen,
am Anfang noch gefühlt als Segen.

Man lernt sich kennen, vielleicht mögen,
die Zeit misst sich an Arbeitsbögen.
Das Neue ist durchaus interessant,
mit Persönlichem beschmückt die Zimmerwand.

Verlassen, Verdrängen, Vergessen das Büro!
Die Freiheit, sie macht wahrlich froh!
Das Elend in jeder Hinsicht nun verboten!
Wege zum Spaß sofort auszuloten!

Eingesperrt im System aus Routine und Langeweile,
ist der Feierabendschritt voll gemochter Eile.
Jetzt fängt der Tag zum Leben an,
Dinge tun, die man selbst bestimmen kann.

Doch die Jahre zerstreuen Eintönigkeit,
Sehnsucht brennt, nach der Welt so weit.
Der Gang hierher wird mehr zur Last,
das Gefühl, hier ist der Arbeitsknast.

Die Verblendung

Oh, wie gestelzt erscheint manch Satz.
Die Kunst schickt ihre Boten.
Gerad Sachlichkeit muss füllen den Platz.
Jede Übertreibung gehört hier verboten.
Denn überziehen tuen viele Menschen schon,
wenn sie nach Glück und Erfüllung suchen.
Es ist des Ablaufs gerechtfertigter Hohn,
dass jene über gesprungene Gläser fluchen.

Zerstören, weil nicht alles nahtlos passt,
die Stützen des Wohlseins anderer zerbrechen.
Der Geist sich nicht in Genügsamkeit fasst,
die Verblendung, sie wird sich rächen.
Das Mehr oder Besser, so einfach zu haben?
Wie schwer der Irrtum, wie schwach der Verstand!
Geradezu besessen der Dummheit hinterherzutraben,
wo die Logik des Absurden liegt auf der Hand.

Wenn's einige schaffen, so ist's nicht die Regel.
Was haben jene mitunter nach ihrem Erfolg gesagt?
Das Glück lässt sich nicht ablesen an genormtem Pegel,
denn zu häufig haben auch sie über ihren Zustand geklagt.
Nichts wird verbessert, wenn man verfahrensmäßig stagniert,
aus Mangel an Vernunft gehbare Alternativen übersieht.
Meistens im Niedergang erst wird dann registriert,
die Erfüllung des wirklich Gewünschten so nicht geschieht.

Die Dankbarkeit

Allein nur für mich sprech ich nun,
Dasein – Tolles, alles würde dafür tun,
Zustand auf Unbegrenztheit zu erhalten,
Hand am Ewigkeitsknopf möchte schalten.

Tag erwacht, ich darf's erleben,
mag ein großes Danke dafür geben.
Schneller mein Lebensgeist wird munter,
trällere ich eine frohe Melodie herunter.

Klar ist nicht alles Gold, was glänzt.
Wahr auch, dass das Freudige ist begrenzt.
Belasten einen weniger schöne Sachen,
Passieren von Strukturen, die Unmut machen.

Glaub, für meine Einstellung braucht man auch Glück.
Schraub die Erwartungen vielerseits etwas zurück.
Richt an ein Gemisch aus Demut und Bescheidenheit.
Zuversicht scheint mir und beleuchtet mein Umfeld weit.

Reicht mir aus, da lässt sich's leben.
Entweicht meinem Tun ein unseliges Streben.
Kunst, zufrieden mit einem gesunden Maß zu sein.
Gunst Gottes und die Treue der Liebsten zählt allein.

Dank meiner Familie und jenen, die mich stützen.
Dank allen Menschen und anderen, die mich schützen.
Dank vielen Gegebenheiten, dass sie einfach existieren.
Dank auch mir, dass ich in meiner Art und Weise kann sinnieren.

Das Verbrechen

In uns Menschen leuchtet matt
a priori Licht der Güte,
immer Stromzufuhr hat,
vor Verschluss dich hüte!

Denn aus innerem Begehren,
supportiert durch Außenlagen,
soll sich Hab und Gut vermehren,
notfalls den Sprung ins Dunkel wagen.

Bei dem Kampf der eigenen Stimmen
ist von Wert ein stark' Gewissen.
Denn Schlechtes will bereit dich trimmen,
auf Moral sei doch »geschissen«.

Erklärung bereits zurechtgelegt,
um das Bild vom Ich zu schützen,
alle lästigen Zweifel weggefegt,
Leinen los, die einem selber nützen.

Aller Anfang, auch hier, ist schwer.
Breitet sich aus ein Unbehagen.
Je nach Deliktschwere umso mehr.
Möcht die Ungeschehenheit einklagen.

Doch etliche überwinden den ersten Schock,
zementieren den Zustand als normal.
Das Böse rammt tiefer seinen Pflock.
Die Befreiung würd eher nun zur Qual.

Zur Gewohnheit wird das Unrecht,
erfüllt manch Lebens süßen Traum.
Doch eine höhere List hat sich gerächt,
Angst und Unruhe belagern den Raum.

Vorbei ist's mit der Unbeschwertheit,
froh und frei den Tag zu genießen.
Vom wahren Glück ist man so weit,
Freudentränen wird man nicht vergießen.

Jeder Mensch steht vor der Frage,
ist Kriminalität eventuell eine Option?
Erkennen sollt er aber die gefährliche Lage,
niemals verhallend der Warnung Ton!

Das Prinzip

Mensch, was hat sich alles verändert!
Wie war's noch vor fünfzig oder hundert Jahren.
Sind aus Lust den Zeitstrahl lang geschlendert,
sehen die Bilder des Wandels ganz im Klaren.

Dabei bekommt nicht jedes Neue Beifall.
Manches hat sich gar mies entwickelt.
Zwischen Widersprüchen rollt und fliegt der Ball.
Jeder sich sein eigenes Bild zusammenstückelt.

Wie dies nun auch konkret aussehen mag,
alle finden sich in ihrem Umfeld gern zurecht.
Nichtbeherrschbarkeit erntet berechtigt Klag',
beim planlosen Irren wird einem schnell mal schlecht.

Doch im Zug von sich ausbreitendem Unbehagen
erkennt man bald einen rettenden Beruhigungsgrund.
Vieles ist mit unbekanntem Namen zu sagen,
ein Prinzip freilich tut sich altbewährt kund.

Es ist der Drang, Profit zu machen,
den anderen dabei auch übers Ohr zu hauen,
die Herrschaft der Starken über die Schwachen,
den eigenen Reichtum ins Grandiose auszubauen.

Es lebt der Gegensatz zwischen Arm und Reich
mit aller Spannung und vielen Zwischenstufen.
Der Bananenpflücker gegenüber dem Erdölscheich!
Schon lassen sich die uralten Kampfparolen herausrufen.

So sehr dies alles Ungerechtigkeit ausstrahlt,
ist es jedoch ein Fixum im rasanten Wandel der Welt.
Einer daraufhin utopische Zukunftsbilder ausmalt,
ein Anderer im Großen und Ganzen an Bekanntem festhält.

Erst wenn dieses Prinzip seine Gültigkeit hat verloren,
wird sich zeigen, was an die betreffende Stelle tritt.
Ein neues Grundprinzip könnte sein dann geboren,
halten wir Menschen von heute dann noch mit?

Das Mitleid

Mitleid mit dem Sein, wie's uns begegnet.
Mitleid zu fühlen, ich bin gesegnet.
Mitleid, beherrschend in etlichen Phasen.
Mitleid, der Blumengruß aus vielen Vasen.
Mitleid, Gabe der guten Feen.
Mitleid, Gründe dafür sooft geschehen.
Mitleid, wenn die Menschen ihr Glück verpassen.
Mitleid, der Stoff, aus dem ich beginne zu hassen.
Mitleid, Ergebnis aus verschiedenen Konstellationen.
Mitleid ruft zu Taten, wo ich sollt mich nicht schonen.
Mitleid ist der Anfang des Spiels zum Kämpfen.
Mitleid ein wenig mit mir, die Erwartung zu dämpfen.
Mitleid, eine Prägung der humanistischen Seele.
Mitleid, die Ausrottung ihrer Ursachen als Wunsch nicht verhehle.
Mitleid darf jedoch niemals die Oberhand gewinnen.
Mitleid, immer die Gefahr, dass ich gerat außer Sinnen.
Mitleid, letztlich bei all seiner positiven Rolle,
ist die Beseitigung seiner Gründe das eigentlich Tolle!

Die Suche

Geh ich zu Orten meiner Kindheit,
Jugendzeit dabei eingeschlossen,
ist mein ganzer Geist bereit,
zu suchen nach dem, was lang verflossen.

Ja, ich will Situationen wiederbeleben,
in deren Struktur mich hineinversetzen,
der Vergangenheit eine Gegenwart geben,
alte Tatsächlichkeiten in mein Jetzt einnetzen.

Und ich suche diesen Jungen
in Raum und Zeit, die mir vertraut.
Mit jeder Ablenkung hab ich gerungen,
die einen Erfolg haben mir versaut.

Denn ich hab ihn nicht gefunden,
vielleicht gesehen schemenhaft.
Die Jahre haben mir die Augen verbunden,
ich schau durch ein Tuch mit ganzer Kraft.

Dieser Junge, wohl unschwer zu erkennen,
bin oder war ich selbst gewesen.
Wehmütige Unbestimmbarkeit möcht ich's nennen,
was aus meinem Blick zu lesen.

Unverzagt, solange es die Bedingungen geben,
werd ich bei Möglichkeit die Suche weiterführen.
Verstehend, geht es um das einmalige eigene Leben.
Die Erinnerungen an mein Ich tief mich berühren.

Der unsinnige Streit

Lasst doch einen Ball mal rollen,
der oberflächlich fünf- und sechseckig ist strukturiert.
Welches Eck wir auch nehmen wollen,
keines ist für eine Präferenz legitimiert.

Da der Ball nur kann funktionieren,
ist die Gesamtheit seiner Beschaffenheit einwandfrei,
sollt nur der Unkluge den Blick verlieren,
was nun der richtige Schluss wohl sei.

Allseitig und komplex zu denken,
ist ein Gebot menschlicher Erkenntnisverfahren.
Die Suche nach bis dato Unbekanntem zu lenken,
Gebiete betretend, in denen unsere Sinne noch nicht waren.

Universal oder Universalismus ist das Schlüsselwort,
was den Großteil aller Streite als absurd deklariert.
Daher werft jede einseitige Meinungsvertretung über Bord,
es sei denn, ihr euch der eigenen Überführung geniert.

Das Muster des Balles demonstriert die Verzwicktheit.
Ein Eck oder mehrere, die jemand vertritt,
doch ist er für die Respektierung eines anderen bereit,
der differente Teile in die Diskussion bringt mit.

Teile, die einem fremd und aus Erfahrung nicht gegeben,
lassen die Skepsis turmhohe Wellen schlagen.
Nun muss sich der wachsame Geist in uns erheben
und Wissensvermittler und die Logik befragen.

Die Wahrheit geht mit der Kompliziertheit einher,
vom Einfachen zum vielschichtig Organisierten.
Je nachdem ist ihr umfassendes Finden verschieden schwer.
Große Gelehrte es uns schon vorbildhaft dokumentierten.

Tatsächlich ist die Gültigkeit des Satzes nicht zu bestreiten:
»Er hat recht, du und ich aber auch!«
Es ist die Idee des Universalismus weiterzuleiten,
sie sollte mit Bedachtsamkeit werden zum guten Brauch.

Eine Einladung für Spinner in die Mitte zu treten,
ist diese Abhandlung der Problematik freilich nicht.
Aus Lügen und Falschheiten kann man keine Wahrheit kneten,
darum erhält nur Richtigkeit für eine Weiterfahrt grünes Licht.

Der Ball mit seinen diversen Ecken ist schließlich beschränkt.
Deshalb falsch, Flächen zu behaupten, die er nicht besitzt.
Für einen Prozess der Verifizierung muss der Wille sein gelenkt.
So leicht ist der Fakt einer Korrektheit nun auch nicht geritzt.

Der Zufall

Ein Gedanke will mich umklammern!
Ist er Zufall oder gar nicht?
Beginnt jetzt wiederholtes, intellektuelles Jammern,
bringt jemand in die dunkle Sache Licht?

Wohl schon, aber einiges ist zu vermerken!
Ansichten und Erklärungen sind da viele.
Ausgewählte können auch meine Sichtweise stärken.
Blicke nun ein in die begrifflichen Spiele.

Natürlich ist der Zufall existent und gegeben.
Seine Macht wächst mit dem Reichtum der Möglichkeiten.
Ergiebiges unterliegt seinem Einfluss im Leben.
Jede Planbarkeit lässt sich nicht ins Perfekte ausweiten.

Der Zufall umgarnt auch unsere Phantasie,
lässt so manches ins Unerfassbare gleiten
und jedem Detaillierten und Individuellen er verlieh:
die einmaligen und unverwechselbaren Seiten.

Dennoch ist der Einfluss des Zufalls limitiert.
So ist er Gehilfe der absoluten Notwendigkeit.
Letztlich er die Idee Gottes nur verziert,
uns aber dadurch vom Fatalismus befreit.

Die Zufälligkeiten in unüberschaubarer Hülle und Fülle
ergeben in ihrem Resümee das Gesetz,
und die Notwendigkeit ruht in majestätischer Stille,
steht sie doch am End jeder konkreten Eil und Hetz.

Das Leben – kurioses Gedicht

Dieses Thema,   ja was soll das?
Dieses Thema,   viel zu schwer!
Dieses Thema,   voll und leer?
Dieses Thema,   lieber wohl lass!

Dieses Thema,   erscheint schon wieder!
Dieses Thema,   gibt keine Ruh!
Dieses Thema,   Reinfall oder Clou?
Dieses Thema,   auf und nieder!

Dieses Thema,   noch zu überlegen!
Dieses Thema,   wie pack ich's an?
Dieses Thema,   was muss rein dann?
Dieses Thema,   Zweifel beiseitefegen!

Dieses Thema,   will doch entgleisen!
Dieses Thema,   wo Substanz entschwebt!
Dieses Thema,   was bedrückt oder erhebt!
Dieses Thema,   darf auf später verweisen!

Das Leben 2. Versuch

Vielleicht 33000-mal aus der Nacht erwacht,
die häufig ein temporäres Verschwinden war.
Falls traumlos oder jeglicher Erinnerung bar,
dann gab es Nichts in dem nichts gedacht.

Doch jetzt war das Große – das eigene Leben.
Sah etwas unbedeutend aus neben den Weltschlagzeilen.
Aber unbeeindruckt tut das Ich die Aktionsimpulse geben,
es braucht, keine Minderwertigkeitskomplexe zu heilen.

Stolz, freudvoll, mitunter auch nur einfach so
spaziert es in jeden Tag nach dem Aufstehen hinein,
Geist und Körper spielen sich in geübter Partnerschaft ein.
Bei Freiheit von Schmerz und Kummer da ist es froh.

Vielfach ist der Ablauf nun programmiert
durch eine ganz spezifische Situation und Struktur.
Die Wertschätzung der Dinge sich durch ihre Wiederholung verliert.
Die Räder des Alltags rattern beharrlich und stur.

So verschieden sie sich erfahrungsgemäß gestalten,
fahren sie doch häufig die Erhebungen des Lebens platt.
Mehr noch, man muss sich vor Ruckelgefahren festhalten.
Nicht, dass man die Fahrt in die Zukunft verpatzt hat.

Günstig wäre es, in der Mitte des Tages einzukehren,
zu sich selbst; dabei erholen und gleichzeitig besinnen.
Mehr als das Phantastische deines Lebens gibt's nicht zu gewinnen,
gleichwohl pessimistischen Gedanken den Zugriff rigoros verwehren.

Das Leben, was alles sein kann, aber auch Leere,
zeigt ewig Rätsel, die allein du musst lösen!
All die involvierten Fragen sind von einer Schwere,
dass ein großes philosophisches Heer in der Schlacht verfiel ins Dösen.

Mitunter versucht sich, am Tagesabend ein Gast einzuschleichen,
der sich Traurigkeit, Beklemmung oder Wehmut nennt.
Reflektierend, dass immer alles zu einem Ende rennt,
einem Prozess, dem man mit stärkster Inbrunst würde ausweichen.

Dann kommt wieder die Nacht, wo wir uns zum Schlaf legen,
der auch so etwas ist wie die Grenze unserer Möglichkeit.
So wie wir uns jetzt selbst, sollen wir auch das Leben pflegen
und nun träumen wir von Perspektiven ungeahnt und weit.

Ein kleiner Lutscher

Ein kleiner Lutscher im Regal, einer da von vielen,
wartete im Supermarkt auf Kunden, die ihm verfielen.
Wobei letztlich er nur einem könnt gehören,
doch reges Interesse an ihm, würd alles andere als stören.

Freilich, die Kunden gingen an ihm vorbei, zeigten wenig Interesse.
Ach so viele Waren gab's um ihn, eben eine große Messe.
Jeder Artikel warb für sich, wollte sich verkaufen,
die Auswahl schier unermesslich reich, schon zum Haareraufen.

Plötzlich ein Junge stand vor ihm, formte einen Pfiff,
streckte die Hand mit einem Ruck, packte mit raschem Griff.
Dunkel wurd's dem Lutscher nun, landete in der Hosentasch!
Keine Minute wohl verging, denn er begriff sehr rasch.

Nicht gekauft, sondern gestohlen werden sollte er.
Eine unschöne Aktion, die ihm machte ein Freuen schwer.
Doch unmittelbar darauf im nächsten Augenblick
passierte dem Jungen das Missgeschick.

Am Ausgangstor zog er aus Versehen,
heraus das Schlüsselbund mit dem Lutscher dran drehen.
Die Aufmerksamkeit von Kunden und Personal
die Hoffnung auf Unentdecktheit ihm sofort stahl.

Der Junge wurde gegriffen und von Leuten angeschrien,
was ihm dabei einfiel und jetzt würde was blühn.
Die Eltern, die Lehrer, die Polizei – alle sollen's wissen,
er ist ein Dieb, ein kleiner Gauner; schon so gerissen!

Mitten im Gezeter, im schimpfenden Klagen,
hörte man, ach Wunder, den Lutscher etwas sagen:
»Ich selbst fühl mich von hohem Wert, doch mein Preis ist gering,
ich möchte für den Jungen nun die Gerechtigkeit bring'!«

»Ihr könnt ihn bestrafen, doch beschmutzt nicht seinen Geist,
denn in dieser Gesellschaft wird angeeignet so unglaublich dreist.
Dabei werden im Graubereich des Gesetzes verteilt Millionen,
mittels legaler Bestimmungen erzeugt massenhaft des Unrechts Embryonen.«

»Der Vorteil dort, vieles ist verwinkelt und verschwommen.
Kein konkreter Kläger sofort anzeigt, was ihm genommen.
Das Durchschauen des Betrugs dementsprechend nicht leicht.
Es vielfach aus unterschiedlichen Gründen zur Bestrafung nicht reicht.«

Kaum fassbar, was in den folgenden Augenblicken geschah.
Man eine riesige Menge von Lutschern den Supermarkt stürmen sah.
Wer anfing zu zählen, ließ es bald bleiben,
die Sicht versperrt von dem unwirklich anmutenden Treiben.

Phantastisch, sie sprachen und tönten gemeinsam im Chor:
»Uns stellt euch als Anschauung der Bevorteilung mancher Person vor.
Das sind Politiker, Banker, Geschäftsleute verschiedener Couleur
und ihr Verhalten wird häufig abgetan als kleines Malheur.«

Einige Kunden riefen: »Bravo!«, nicht so das Personal.
Es hatte im Beisein des Chefs auch keine andere Wahl.
Beide drehten sich unbeteiligt um, verloren den Jungen aus dem Blick.
Man ließ ihn gehen, die Lutscher bescherten ihm heute Glück.

Die Grundsätzlichkeit

Was uns Menschen am meisten interessiert,
ohne dies unser Dasein an Sinn verliert,
sind andere Menschen in differentem Beziehungsgeflecht.
Daraus ergibt sich eine kardinale Frage mit gutem Recht.

Wie beschreibt ein jeder von uns sein Menschenbild?
Pro oder contra zu vermerken auf einem gehobenen Schild.
Bei allen Vorbehalten gegen solch eine rohe Prägnanz,
bleibt es dennoch die tragende Melodie im Lebenstanz.

Seh ich den Menschen als prinzipiell gutes Wesen,
kann ich in seiner Beurteilung das mehrheitlich Positive lesen
oder ist er in seinem Charakter überwiegend schlecht,
so dass Menschenverachter wie – skeptiker gewinnen das Gefecht.

Ich persönlich erkenne im Menschen den göttlichen Kern,
der halten soll von allem Niederen und Gemeinen fern.
Doch freilich, wenn man nicht durch Weltfremdheit besticht,
so wird häufig das Gegenteil bemerkt bei Tageslicht.

Dieses Negative wird bei Einschätzung gern übertrieben,
wird als Rechtfertigungsgrund ins eigene Stammbuch geschrieben.
Reichlich wunderbare und gütige Taten werden leider übersehen,
weil sie in einer unaufgeregten Normalität alltäglich geschehen.

Jeder Mensch, das darf man keinesfalls vergessen,
ist durch konkrete bio-soziale Bedingungen bemessen.
Zu registrieren sind heut noch viele ungünstige Faktoren;
in manchen Gegenden geht gar jegliche Humanität verloren.

Aufgabe der Gegenwart und künftiger Generationen
ist es, die zum Bösen treibenden Strukturen nicht zu schonen.
Unveränderbar und unwandelbar ist der Mensch eben nicht.
Ein Tor, der dem Entwicklungsgedanken in der Gesellschaft widerspricht.

Der neue Mensch – ein logisches, großartiges Programm,
ein aus unendlich tiefen Wurzeln herausragender Stamm,
der in die göttliche Sphäre emporwachsen will.
Ich pflege und hege mit und bewundere still.

Der Sieg des Alters oder nicht?

Ich will bleiben immer jung,
auch wenn ich älter werde!
Löst aus keine Verwunderung,
ist häufiger Wunsch auf dieser Erde!

Freilich, was banal klingen mag,
sollte sich bei mir realisieren!
Sehne herbei den großartigen Tag,
an dem ich kann jubilieren!

Bei meinem ganzen Plan
hoffe ich auf Gott!
Verfall ich etwa einem Wahn,
unterlieg doch dem gewöhnlichen Trott?

Manchmal bestaune ich mein Denken,
was dann kapitulierend nüchtern wirkt!
Von Kindheit und Jugend wegzulenken,
die Gefahr von Resignation in sich birgt!

Ich will mir nicht den Weg vorweisen,
den jede Erfahrung sowieso nur kennt!
Innerlich mir lieber ewige Frische preisen,
dass jeder Zauberer mich berennt!

Ich will glauben, glauben, glauben
und das mir Mögliche dafür tun,
an manch' Gesetz des Seins zu schrauben,
neue Chancen ekstasieren mich nun!

Das Kinderbuch

Nicht jedes, aber die meisten dieser Art,
bringen die schönen Gedanken richtig in Fahrt,
sich um den Punkt einer ersehnten Frohheit schart,
und im Blick nach oben der düstere Himmel aufklart.

Es sind hierbei besonders die Bilder und Illustrationen,
die das Gemüt vor jeglicher Negativität schonen,
weil auf ihnen die Darstellungen von Sorglosigkeit thronen,
die Vertreter der heilen, erstrebens- und wünschenswerten Welt wohnen.

Das Einfache und Nette tut überwiegend regieren,
nicht die Synonyme für Schrecken und Leid einen anstieren,
frei vom Zwang bis in Details zu differenzieren,
will und muss man sich nicht in Allseitigkeit verlieren.

Ich selbst darf drei Kinderbücher* zu meinen Favoriten wählen,
weil hier vor allem Freude und Beschaulichkeit zählen,
so kann ich mich, abgelenkt, aus der Realität stehlen
und möcht zum Schluss eine tiefe Zufriedenheit nicht verhehlen.

* »Vom Jochen, der nicht aufräumen wollte«
»Teddy Puschelohrs Abenteuer«
»Faulpelzchen«

Das inventurmäßig Sinnierte

Der Zeitzug rast, und rast,und rast.
Du gingst, du standst, du saßt.
Niemals hat er nur einmal angehalten.
Niemals konnten wir einen geeigneten Hebel schalten.
Eng war der gleichzeitige Weg von uns beiden.
Viele Gefahren des Tempos galt es zu vermeiden.

Schon haben wir so vieles der Fahrt vergessen.
Was auch verloren, was wir einst besessen.
Die einzelnen Tage in ihrer Herausforderung sind fern.
Zusammengepresstes Bild – genommen äußerst ungern.
Doch bei der Inventur heißt es, den Ist-Zustand zu registrieren.
Darüber hinaus, welch andere Möglichkeit als zu akzeptieren.

Deutlich kristallisiert sich die Ursache von Wehmut und Übel.
Aber es gelingt nicht, sie wegzuwerfen in einen Abfallkübel.
Der Zug fährt auf endlosen Schienen – quasi unantastbares Gesetz.
Der Ausstieg freilich jederzeit möglich aus dieser Hetz`.
Der Zeitzug rast weiter in einem Speed, es nur so blitzt.
Du gehst, du stehst,du sitzt.

Der Triumph

Weltweites Ereignis – das Interesse riesengroß
Wettbewerb von Teams – kein Spaß bloß
Es ist auch ein Spiel – doch viel mehr hängt dran
Der Sieger zählt alles – drum gewinne, wer kann
Das Messen von Kräften – die Leidenschaft entbrennt
Unglaublicher Einsatz – als wenn man ums Leben rennt
Nicht nur das Vermögen – vor allem der Charakter zählt
Wer hat die beste Mischung – vielleicht das Optimum gewählt
Doch auch kann nur gewinnen – wem die Gunst ist geneigt
Keine Chance auf Erfolg – wenn das Glück sich nicht zeigt
Alles zu beherrschen – kein Mensch ist so riesengroß
Der Blick gen Himmel – eine kleine Unterstützung bloß
Tatsächlich jetzt Erster – diesmal ist man dran
Unglaublicher Jubel – noch niemand es realisieren kann
Der Fakt unverrückbar – das Freudenfest entbrennt
Zu nächtlicher Zeit – jeder Spieler mit dem Pokal rennt
Noch ist man staunend – wer weiß, was das zählt
Die Massen von Fans – haben ihren Hero gewählt
Doch auch dem Verlierer – sei man mit Anerkennung geneigt
In dieser fantastischen Stund – sich auch menschliche Größe zeigt

Pfingstmontag

Dieser Tag ist der wahre Feiertag!
Sieger in des Jahres Kalender!
Willst du wissen warum, so frag!
Schalte dann empfangsbereit deinen Sender!

Zwar gibt es der freien und Festtage viele,
doch fast immer sind sie umrahmt von Turbulenz,
weil im Vorfeld auf sie stehen so reichlich Ziele,
Kette von Verpflichtungen demonstriert ihre Präsenz!

Der Pfingstmontag erscheint wie ein Relikt,
wo die Langsamkeit der Dinge war dominant.
Da wurd die Tagesplanung mit langsamer Nadel gestrickt,
jede Hektik und Unrast aus der Freizeit verbannt!

Jetzt haben wir die Muße, zu uns selbst zu finden,
aber auch unseren Nächsten einen Teil von uns zu schenken.
Angeregt dürfen wir einen Strauß aus Liebe binden,
das ganze Tun lässt sich zu gehegten Wünschen lenken!

Uli Hoeneß (2013)

Sag, wie viele Menschen wir kennen,
die nicht im persönlichen Beziehungsgeflecht stehen!
Dabei um den Sieg im Bekanntheitsgrad rennen,
mit Interesse wir auf den Ausgang sehen!

Aber ganz sicher ist jener Uli Mitfavorit,
der die Fußballherzen in Deutschland lässt höher schlagen.
Von ihm ausgehend, die unterschiedlichsten Emotionen versprüht,
jedoch einen Mangel an Kurzweil kann niemand beklagen.

Denn da ist eine Persönlichkeit mit reichlich Facetten,
auf einer Skala von beliebt bis abgelehnt.
Wer kann nun auf sein objektives Urteil wetten?
Wie häufig ist die befriedigende Wahrheit nur ersehnt!

Gerad wenn noch erdacht so vielfältige Legenden,
mit viel Würze bedacht das geäußerte Wort!
Somit wollen die Diskussionen um eine Person nicht enden,
das Wetteifern um die neueste Meldung ist auch schon Sport.

Für viele ist da Uli auch nur eine neue Seite
in einem Buch, das durch Schlagzeilen berauscht.
Wer die sachliche Erkenntnis anstrebt, muss ergreifen das Weite,
in Abstand und Ruhe der Weisheit innerer Stimme lauscht!

Natürlich ist der Fakt de Enttäuschung nicht zu verhehlen,
wer gütig gesinnt, dabei Mitleid entwickelt.
Wie kann Herr Hoeneß in einer Angelegenheit so verfehlen?
Ein Monument wird in viele Einzelteile zerstückelt.

Beileibe war Uli in so manchen Dingen nie unumstritten,
in seinem Innersten wird er auch um sein Bild streiten.
Er ist, wie die meisten, auf verschiedenen Wegen geritten,
eine Rezeptur für Unfehlbarkeit muss man ihm nicht bereiten.

Für mich aber verbietet sich jedes weitere Einschlagen,
der vermeintliche Gegner sichtbar am Boden liegt .
Jetzt sollte man die Hand zum Hochziehen wagen,
damit hat in uns ein Stück Menschlichkeit gesiegt!

Der lösbare Losbär

Die vollen Töne in einer Tonvölle –
die stillen Länder erschrecken aus Landstille –
die lauten Wörter formieren sich zu Wortgeläute -
die Hautzärtlichkeit dringt unter zarte Häute.

Menschen tosende Pläne ergießen in Plangetöse -
bloße Kälte verziert die kalte Blöße -
das warme Hohe erreichbar nur in der wärmeren Höhe -
die boige Stärke erfordert eine starke Böe.

Eine lange Ärmlichkeit gestaltet in armer Länge -
zwanghafte Quälerei ergossen in einer Qual der Zwänge -
der hängende Fang lockt stetig im Hang der Fänge -
ewiger Sang Gläubiges steigert den Glauben der Gesänge.

Es liegt was in der Luft…

Es liegt was in der Luft…
Origineller Spruch, den jeder kennt.
Die Neugier vor Erwartung brennt.
Sinnesfunktion endet an brückenloser Kluft.

Doch mehr noch – etwas liegt in der Welt,
als unsichtbarer Begleiter von Wort und Tat,
« der verborgene Plan in aller Saat»,
fruchtbar und später nachhaltig erhellt.

Durchleuchtet auch in des Menschen Geist,
der zur Erkenntnis fähig ist,
tief sich in des Seins Seele frisst
und Wahrheiten verkündet dreist.

Wieder und wieder werden sie zwar korrigiert,
doch Fortschritt ist sichtbar klar,
leidvoll und kompliziert die Entwicklung war,
das stille Wunder sich am Horizont realisiert.

Noch hat die Phantasie die Oberhand
und Hilflosigkeit streckt ihren mächtigen Arm.
Nichtsdestotrotz eine Gefühlsdusche wohlig warm,
lässt hoffnungsfroh handeln in gegebenem Land.

Die Sprengung

Alles was war – aufgelöst
Das Nichts erschreckend – entblößt
Ratlosigkeit nur – eingeflößt
Gedanken an Zukunft – eingedöst

Besinnung wiedererlangen – pessimistisch
Keim tätig sein – verzisch
Dunkle Macht – frisch
Karten des Schicksals – misch

Hoffen auf Zeit – vielleicht
Aktuell düsterer Blick – weicht
Zeiger der Genesung – schleicht
Annehmbares Stadium – erreicht

Soll ich?

Soll ich, soll ich nicht, soll ich … ?
Erinnert an den Abzählreim aus der Kindheit:
Ich lieb dich, ich lieb dich nicht, ich lieb dich…
Erzeugt sofort Frohsinn und Heiterkeit!
Doch die Frage, die ich mir stelle,
symbolisiert tatsächlich die Kurve einer Welle.

Soll ich nach vielen Jahren Kontakt aufnehmen
zu den aus Kindheit und Jugend vertrauten Wegbegleitern?
Muss mich meiner eigenen Untätigkeit wegen grämen,
hätt schon längst meinen Gefühlshorizont können erweitern?
Ja, die Frage, die ich mir stelle,
symbolisiert zweifellos die Kurve einer Welle.

Soll ich heraustreten aus der Anonymität Kammer?
Einblicke in meinen persönlichen Werdegang geben?
Ziehen um mein Ich jene verhasste Routineklammer,
mit Standardfragen und – floskeln taxieren lassen mein Leben?
Gerad die Frage, die ich mir stelle,
symbolisiert den unteren Punkt der Kurve einer Welle.

Soll ich mich per moderner Kommunikationsmittel öffnen allen?
Daten in die Unüberschaubarkeit heutiger Technik senden?
Wird es mir nützen oder eher nicht gefallen?
Ich kann die Seiten meiner Zweifel hin und her wenden.
Scheinbar die Frage, die ich mir stelle,
symbolisiert den Mittelpunkt der Kurve einer Welle.

Soll ich cool, lebensfroh und tatendurstig erscheinen?
All das Positive, was kommen könnte, nur bedenken?
Nicht noch länger zögern und vertanen Chancen nachweinen,
mich in herausfordernde, aber spannende Bahnen lenken?
Offensichtlich die Frage, die ich mir stelle,
symbolisiert den oberen Punkt der Kurve einer Welle.

Soll ich Euch, Interessierten, meine Entscheidung jetzt verkünden?
Aber in Anlehnung an den Abzählreim kann ich nur sagen:
»Ich muss, ich muss nicht, ich muss…eine Lösung finden!«
So werd ich mich mit dem Problem weiter eine Weile plagen.
Überhaupt, die Frage, die ich mir stelle,
symbolisiert sie tatsächlich die Kurve einer Welle?

Die Normalität

Der Jurist entscheidet klar,
was Normalität zu bedeuten hat.
Ist dies Normale mitunter auch bizarr,
die Masse setzt singuläre Vernunft matt.

Denken und handeln wie der breite Strom,
gegen die Strömung man keine Chance hat.
Das ist der funktionierenden Gesellschaft ein Axiom,
Die Masse setzt singuläre Vernunft matt.

Doch schaut man in Menschen Geschichte,
wie häufig das Gute ward gemacht platt.
Besitzt der Frevel anteilmäßig eine hohe Dichte,
die Masse setzt singuläre Vernunft matt.

Verrückt wird's, kommt man in verschiedene Breiten,
Was hier stumpf, ist dort aalglatt.
Beispiele von Widersinn ließen sich ausbreiten,
die Masse setzt singuläre Vernunft matt.

Normal sind auch die vielen schlechten Eigenschaften,
die überall auftauchenden Reichen werden immer satt.
Die Armen müssen mit ihrer Gesundheit haften,
die Masse setzt singuläre Vernunft matt.

Und zur Krönung wird all dies als Alibi genommen,
erläutert als das günstigste Sozialmodell auf Papieres Blatt;
weil die Augen jener Normalitätsverfechter sehen verschwommen
und die Masse meist setzt singuläre Vernunft matt.

Die ewige Frage

Lebte man so, wie man wollte????
Lebte man so, wie man sollte ???
Agierte man so, wie man musste??
Agierte man so, wie man wusste?

Zweifel machen sich groß und breit!
Skepsis erscheint von nah und weit!
Spekulationen wandern emsig raus und rein!
Was ist wahr, was ist Schein?

Lebte man nicht, wie man wollte?
Lebte man nicht, wie man sollte ??
Agierte man nicht, wie man musste???
Agierte man nicht, wie man wusste????

Alternativen dünken sich groß und breit!
Vorwürfe tönen von nah und weit!
Widersprüche drängen eifrig raus und rein!
Was ist wahr, was ist Schein?

Die ewige Frage ist selbst Frage!
Die Tendenz ist häufig zur Klage!
Wird der Realität meist nicht gerecht!
Standpunkte fallen aus unangemessen schlecht!

So lasst fallen die ewige Frage
und damit gleichsam die sinnlose Klage,
wir uns am Ende unserer Tage
mit dem eigenen Sein nicht vertrage`!!!

Nie lebt man nur so, wie man wollte!!!!
Nie lebt man nur so, wie man sollte!!!
Nie agiert man nur so, wie man musste!!
Nie agiert man nur so, wie man wusste!

An der Hamburger Alster

Es gibt Orte und Orte und könnt's weiterführen,
die so gewöhnlich und unaufgeregt uns erscheinen,
und anderseits welche, an denen wir die Aufruhr der Gefühle spüren,
irgendwer/was will uns pushen, möchte man meinen.

An der Hamburger Alster, da jubeln die Sinne,
alles, ja alles ist mit Lebenslust zu überschreiben.
Ohne Aufforderung oder Zwang hält man in seinen Abläufen inne,
betrachtend, bestaunend, bedenkend das so freudige Treiben.

Ob auf dem Wasser, am Ufer oder dessen Wegen,
die Menschen sind erfüllend aktiv, selbst wenn sie pausieren.
Jeder Pessimist oder Miesmacher schaut ertappt verlegen,
hier lässt sich nicht negativ über den Daseinssinn philosophieren.

Lob allen, die dieses Gesamtbild so imposant erzeugen,
ob beim Sport, Flirten, Feiern oder anderem Tätigsein.
Für das Erleben einer solchen Seltenheit dankbar mich verbeugen,
hier ist der Ausdruck für Werthaftigkeit nicht von Schein.

Der Marathon (Berlin)

Zehntausende versammelt am Sonntagmorgen,
auf einer Fläche, für diese Massen eigentlich zu klein.
Ich brauch aus der Fantasie keine Bilder borgen.
Die Eindrücke, sie werden überwältigend sein!

Der Startschuss erschallt, der Riesenpult rollt!
Was hinten Gehschritt oder der Versuch davon ist,
denn die Vorderleute und wieder deren ungewollt,
sorgen dafür, dass du erstmal nur am Schleichen bist.

Langsam kann jeder sein geplantes Tempo realisieren,
und dabei zieht sich das Starterfeld kilometerweit.
Dieses Bild fasziniert, viele Betrachter nun fotografieren.
Man assoziiert den Gedanken von der Urkraft Menschheit.

Die Wucht der Menge – ein geschichtsträchtiges Bild!
Aber was ist die Botschaft, formuliert auf einem Schild?
Erfahrbar war die Reichhaltigkeit von Fluch und Segen.
Dieser Marathon kann jeden Ansatz von Schlechtem hinwegfegen.

Im Gegenteil, der Lauf ist ein friedhaftes Symbol.
Er neigt die Waage der Lebensschwankungen auf Wohl.
Hier verspüre ich eine ungewohnte Konzentration des Guten,
einen Anflug von Skepsis muss ich mir nicht zumuten.

Zwar kämpfen die meisten Teilnehmer auch gegen die andern
und das mit einem Speed, fernab von Wandern.
Es geht zweifellos um Sieg, Platzierung und Ehre,
aber dem beschriebenen Geist muss das Ganze nicht entbehre`.

Für fast alle Läufer ist das Ich die größte Konkurrenz,
denn irgendwann kämpft der innere Schweinehund mit Vehemenz.
Er schmeichelt, verführt, wirbt und befiehlt das Aufgeben.
Gegen ihn muss sich nun das tapfere Sportlerherz erheben.

Anderes hat keinen Raum, keine Zeit oder Gelegenheit.
Elementare Bedürfnisse der Situation stehen im Vordergrund.
Was esse, trinke ich noch; wo ist das Ziel – wie weit?
Die Glieder schmerzen und die Füße scheuern sich wund.

Helfen tuen nun die Zuschauer, die so unglaublich vielen.
Sie unterstützen, winken, schreien, ermuntern so wunderbar!
Im Hintergrund, aber mit Effekt zusätzlich Musikgruppen spielen,
Hier ist jeder Läufer umjubelt, behandelt wie ein Star!

Schließlich am Ende des Marathons gibt`s einen Sieger,
viele Stunden eher als die Allerletzten im Ziel.
Meist ist es einer der afrikanischen Überflieger,
häufig wackelt der Rekord und eine Prämie ist mit im Spiel.

Beileibe nicht zu vergessen ist der Wettbewerb der Frauen.
Sie führen ein eigenes Klassement, auf das gilt`s zu schauen!
So gibt`s neben dem Gewinner auch eine Gewinnerin,
vereint beide im Siegerbild und dieses Gedicht mittendrin!

Mein kleiner Vogel

Ich mag es, aus meinen Wohnungsfenstern hinauszuschauen,
weil der Anblick mich immer in gute Stimmung versetzt,
die eigene Seele dabei mit Tropfen von Lieblichkeit benetzt,
den dunklen und aufschreckenden Gedanken davongewetzt,
kann jetzt mir ein Gefüge aus Lust und Sympathie bauen.

Bei allem sich ein Lächeln auf meinen Lippen formt,
das unwillkürlich und fast automatisch entsteht,
der Geist hat an den Funktionselementen des Körpers gedreht,
just in diesem Augenblick ihr einen zufriedenen Menschen seht,
der Hinweis auf den « erkannten Mechanismus » reichlich genormt.

Unweit der Hausmauer türmt sich ein Baum prächtig auf,
er ist quasi der Gruß der Natur durch das Jahr,
auch Ziel – und Aufenthaltsort für eine ganze Vogelschar,
hiermit Gezwitscher und Beobachtungschancen deutlich und klar,
so verfolg ich den Wechsel der Reize in seinem Lauf.

Ein Vogel ist meiner, wenigstens bilde ich`s mir ein,
immerhin singt er vor meinem Fenster nur für mich,
auf dieser Welt haben wir uns gefunden rein zufällig,
gehen nun aber eine Etappe von Lebenszeit gemeinschaftlich,
lade ihn ein auf ein paar Körner und ein Wässerlein.

Woanders sind andere Menschen und auch sie finden
Vögel, die sie besuchen und bestimmt erfreuen,
nach ihrer Befindlichkeit sie belauschen und betreuen,
häufig keine Mühe und Zeitaufwand scheuen,
um sich in eine besondere Mensch – Tier – Beziehung einzubinden.

So ist es eigentlich auf unserem Globus gut eingerichtet,
jedem kann ein Stück zugeteilt werden und ihm gehören,
wenn da nicht einige mit ihrer Maßlosigkeit würden stören,
und in diesem Prozess der Gier etliche alles verlören,
so sei mein Anspruch auf «meinen Vogel» nochmals gewichtet.

Die Überholung

Lange gelebt, wenig gebremst, noch weniger gehalten.
Bange geschaut, wie lange lassen sich die Funktionen schalten.
Noch immer läuft es ausreichend, kein weiteres Hinterfragen.
Doch was brächte auch ein voreiliges, unangebrachtes Verzagen.

Ein gewohnter, verinnerlichter Mechanismus ist mir eigen.
Kein Daranrühren, dass mir Gewogene zu vergeigen.
Stark hilft das Überholen dunkel aufkreuzender Gedanken.
Marke der Geschwindigkeit beträchtlich, fang an zu wanken.

Um keinen Preis aber möchte ich sie heruntersenken.
Drum bin ich intensiv eingespannt in ein überschaubares Lenken.
Überdies bekomme ich den Eindruck einer schwierigeren Antastbarkeit.
Genieß dadurch ungestörtes Befahren der Straße, die ewig weit.

Ein Abend für immer

Ein Abend für immer
in diesem geräumigen Zimmer,
zugehörig einem kleinen Einfamilienhaus,
weit entfernt von Saus und Braus.

Ein Abend für immer,
von der Weltweisheit keinen Schimmer,
jung noch, aber mit viel Gespür,
einen Schatz zu bewahren bei verschlossener Tür.

Ein Abend für immer,
ohne gewohntes Fernsehgeflimmer,
im lockeren, aber intensiven Beisammensein,
mit denen, die bedeuten einem alles ganz allein.

Ein Abend für immer,
Wunsch auf Veränderung nimmer,
Hunger und Durst gestillt,
das Zufriedenheitsfass vollends gefüllt.

Ein Abend für immer,
strahlend der Eintracht Glimmer,
das Jetzt ist das Morgen,
mit Verlangen, Unendlichkeit zu borgen.

Ich bin woanders

Ich bin woanders, als an üblichem Tag.
Ich bin woanders, dabei nicht klag.
Ich bin woanders, gleiche Dinge neu.
Ich bin woanders, die Spannung nicht scheu.

Ich bin woanders, der Mensch adrett.
Ich bin woanders, die Erfahrung nett.
Ich bin woanders, jetzt schon aufgeregt.
Ich bin woanders, den normalen Ablauf zersägt.

Ich bin woanders, wie ein Kind staunt.
Ich bin woanders, irgendwie magisch gelaunt.
Ich bin woanders, schon in Gedanken gewesen.
Ich bin woanders, Kapitel buchaußerhalb gelesen.

Ich bin woanders, nach gewisser Zeit nicht mehr.
Ich bin woanders, Erhaltung des Besonderen schwer.
Ich bin woanders, Zweifel keimen auf.
Ich bin woanders, doch im normalen Erdenlauf.

Ich bin woanders, wohl konsequent nicht existiert.
Ich bin woanders, die Vorstellung mich instruiert.
Ich bin woanders, kleine Splitter vielleicht.
Ich bin woanders, wie man vom Ich eben abweicht.

Die Mittelmäßigkeit

Leistung, Leistung, Leistung -überall verlangt
Erbringer dieser Aufgabe-häufig doch gewankt
Selbst durchschnittliche Erwartungen-vielfach nicht erfüllt
Ärgerlichkeit sich erhebt-Zufriedenheit ungestillt

Welcher Bereich anvisiert-Mittelmäßigkeit siegt
Frage sofort gestellt-es im Akzeptablen liegt
Antwort blitzartig formuliert -Nein und nochmals Nein
Bedeutsamkeit tritt hervor-Leid darf nicht erschein`

Darum diese Striktheit-Ausschöpfung ist gefragt
Jeder luschigen Bequemlichkeit-der Kampf klar angesagt
Bekommen wollen sie alle-gern mehr als erbracht
Deshalb Lob häufiger Kontrolle -sie über Qualität wacht

Der Nebel

Ich sehe nichts.
Gleichfalls werd ich nicht erspäht.
Fahne der Geborgenheit weht.
Ein wenig Mulmigkeit ersteht.
Ich hör auch nichts.

Ich höre nichts.
Gleichfalls werd ich nicht vernommen.
Stummheit macht langsam beklommen.
Aktivität von mir weggenommen.
Ich sag auch nichts.

Ich sage nichts.
Gleichfalls werd ich nicht angesprochen.
Kontakt irgendwohin abgebrochen.
Spritze der Einsamkeit tief zugestochen.
Ich fühl auch nichts.

Ich fühle nichts.
Gleichfalls werd ich nicht empfunden.
Kann niemand seine Abneigung bekunden.
Damit nicht meine Seel verwunden.
Ich denk aber etwas.

Ich denke etwas.
Gleichfalls wird an mich gedacht.
Gott über mein Wohle wacht.
Der Nebel mich nicht mürbe macht.
Ich sehe auch etwas…

Das Große und das Kleine

Wie klein und unbedeutend ich mir schein!
Doch mein Leben ist`s -großes Sein!
Und andere, die da hängen an mir,
unterschreiben diesbezüglich größter Wichtigkeit Papier!

Wann ist was groß und wann was klein?
Das Spiel der Relativität ergötzt den Schein!
Es dürft ziemlich auf Quantität hinauslaufen,
der Güte Los – wiederholt zum Haareraufen!

Das sogenannte Große, was vor vielen erscheint,
hat mitunter selbst aus Unbedeutsamkeit geweint!
Vielmehr gilt`s häufig, das große Kleine zu entdecken,
in einen Anzug passender Wertigkeit zu stecken!

Das Ganze auch verquickt mit Bedeutsamkeit und Macht!
Das Muss der Differenzierung den Prozess dabei überwacht!
Letztlich, wenn man die unterschiedlichen Ansätze respektiert,
sowohl Kleinem als auch Großem entsprechende Anerkennung gebührt!

So... ... ...

<u>So</u> träum ich von der Verbreitung meiner Ideen.
<u>So</u> versäum ich, die Uninteressiertheit vieler zu sehn.
<u>So</u> begreif ich Schritt für Schritt des Marktes Macht.
<u>So</u> reif ich, indem ich über alles noch mehr nachgedacht.
<u>So</u> verlass ich mich mehr denn je auf die eigene Kraft.
<u>So</u> verfass ich die Zeilen als Ausdruck persönlicher Errungenschaft.
<u>So</u> spekulier ich jedoch weiterhin mit der Gunst irgendeiner Stund.
<u>So</u> verzier ich die Hoffnung und werd nicht schließen meinen Mund.
<u>So</u> bleib ich der Erfüllung meiner Aufgabenstellung treu.
<u>So</u> treib ich das Spielchen mit Blick auf den Sieg neu.
<u>So</u> spür ich alternativlos die Richtigkeit meiner Wahl.
<u>So</u> führ ich mich selbst aus dem Land von Skepsis und Qual.

Die Kreativität

Frei von Grenzen sich zu fühlen
und ein Irrtum ausgeschlossen,
mag auch, im Nichts herumzuwühlen;
Ziele selbst benannt, auf die geschossen.

Frei von Zwängen, was zu schaffen
und kein Druck von irgendjemand,
nicht den Geist in Richtungen straffen;
ohne Verbote schreitend durchs Land.

Frei von Erwartungen, die knebeln
und lauernd tut nirgends monetärer Sinn,
ungebremst mit eigenem Werkzeug hebeln;
welches Stück bekomm ich wohl hin.

Frei von Vorlagen und Modellen
und die einzigartige Idee gesucht,
kein Pakt mit Klischees, den vorschnellen;
lange Suchreise ist gebucht.

Frei im Spiel der Fantasien
und im Gewitter der Gedankenblitze,
an den persönlichen Grenzseilen ziehn;
so erklimm ich meine Spitze.

Auf halber Strecke

(Das letzte Gedicht)

Irgendwann, hoffentlich eigentlich nie,
schreibe ich ein letztes Gedicht.
Keine Ahnung wovon, was und wie;
erloschen dann mein lyrisches Licht.

Wenn ich daran dann sitze,
so will ich's vollenden.
Wunsch verdampfend in der Hitze,
ich könnt's noch mal wenden.

Irgendwann um mich alles erkaltet,
bin ich nicht mehr der, der ich war.
Eine Weiche wurde rigoros geschaltet.
Der Bremsblock wird langsam klar.

Der Zug ist nicht gefahren
zum Ziel, was ich mir vorgestellt.
Ich sehe Schaffner in Scharen,
die ein Urteil über mich haben gefällt.

Irgendwann verweil ich auf halber Strecke,
wie vieles wurde nicht geschrieben.
So reichlich Wunden ich dann lecke.
Unübersehbares da ist übrig geblieben.

Es weht reichlich Wind aus Wehmut,
er strafft die Haut überm Herz,
kein Gedanke die Stimmung ändern tut,
zu dominierend ist der Einsicht Schmerz.

Gerade jetzt!

Gerade jetzt, senk ich mich den Wörtern entgegen,
die ich hab soeben ausgewählt formuliert.
Möcht jedes störende Teilchen beiseitefegen,
mein ganzer Geist auf das Geschriebene zentriert.

Gerade jetzt, senk ich mich den Wörtern entgegen,
als könnt ich dadurch einen neuen Sinn gebären.
Klar klingt die Absicht skeptisch und verwegen,
doch möchte ich tiefer in der Ideen Sphär` verkehren.

Gerade jetzt, falle ich mit den Wörtern zusammen,
bin selbst Wort geworden, was ich schon immer war.
Aber es sind die Inkongruenzen, denen die Wunder entstammen,
gelobte Erkenntnis wird einem niemals übergeben bar.

Gerade jetzt, richt ich mich auf – den Wörtern entgegen,
schaue aus souveräner Höhe auf sie herab.
Neue Einsichten lassen mich in ungekannte Gebiete bewegen,
mein ganzer Wille ist für deren Erkundung lange nicht schlapp.